Malene Rydahl

Glücklich wie ein Däne

Die zehn Geheimnisse der
zufriedensten Menschen der Welt

Übersetzt von Ingrid Glienke

GÜTERSDIE
LOHERVISION
VERLAGSEINER
HAUSNEUENWELT

Für die Freiheit,
ehrlich zu sich selbst zu sein
und für den Mut,
ein glückliches und sinnvolles
Leben anzustreben

12.12.

INHALT

Es war einmal eine junge Dänin, die ein Buch über das Glück schreiben wollte. Während sie daran arbeitete, machte sie Ferien in Südfrankreich. Eines Tages lud man sie zu einem eleganten Abendessen in ein wunderbares Haus mit Meerblick ein. Die Gäste waren großartig, alles war perfekt, sie fühlte sich wie im Traum. Zum Aperitif wurden Champagner, edelste Weine und exotische Cocktails gereicht. Man plauderte über das Dolce Vita: über Reisen zu den schönsten Hotels der Welt, Diners in den besten und exklusivsten Restaurants, über Kultur und Kunst. Alles vom Feinsten – ein Leben, von dem jeder träumt. Danach wandte sich das Tischgespräch auch ihrem Buch *Glücklich wie ein Däne* zu. Die anderen Gäste waren irritiert. »Aber warum haben Sie dieses Thema gewählt? Für mich gibt es keinen ersichtlichen Grund, weshalb die Menschen in diesem Land so glücklich sein sollten!«, meinte ein Mann.

Die junge Frau versuchte zu erklären: Vertrauen spielt in Dänemark eine große Rolle, Vertrauen in den anderen und in die dänischen Institutionen. Dänen liegt das Gemeinwohl am Herzen. Das Erziehungssystem fördert die Persönlichkeit eines jeden Schülers individuell. Alle Bürger können ihren eigenen Weg frei wählen und sich ihr Leben einrichten. Man hält es für wichtiger, seinen persönlichen Platz im Leben zu finden, als der oder die Beste zu sein. In ihrem Land gehe es nicht vorrangig darum, eine Elite auszubilden, erklärte sie den anderen Gästen, sondern das Glück der gesamten Bevölkerung sei das Ziel. Dann machte die junge Frau wohl einen Fehler, denn sie fügte hinzu, dass die Finanzierung einer solchen Gesellschaft hohe Steuern erfordere. Die Steuerlast sei die höchste auf der Welt und der Höchststeuersatz betrage fast 60 Prozent bei Einkommen ab 390.000 Kronen, also ca. 53.500 Euro.

An diesem Punkt unterbrach sie der Mann. »Wie grässlich, was für ein Alptraum!«, stieß er hervor. »Sie wollen uns doch nicht einreden, dass so ein System irgendjemanden glücklich macht. Keiner möchte für andere zahlen. Und überhaupt, ein Land ohne Elite hat keine Zukunft«, fuhr er fort.

»Ich schaue mir *Borgen* im Fernsehen an«,[1] mischte sich eine Frau ein, »und da gibt es nur unglückliche Leute. Was Sie da sagen, das hat weder Hand noch Fuß!«

Halt. Sprechen wir nicht länger von Märchen und von Dolce Vita: Kommen wir zur Sache.

Mir ist klar, dass das dänische Gesellschaftsmodell nicht jeden anspricht. Meine Motivation, dieses Buch zu schreiben, ist keineswegs, die Menschen von seiner Überlegenheit zu überzeugen. Mir geht es darum, meine Erfahrungen darzulegen. Ich wuchs im glücklichsten Land der Welt auf, aber damals war mir mein Glück nicht bewusst.

Seit man vor über vierzig Jahren begann, die Lebenszufriedenheit in den verschiedenen Ländern zu messen, ist bekannt, dass das dänische Gesellschaftsmodell die Menschen glücklich zu machen scheint.

Schon 1973, als mit dem sogenannten Eurobarometer eine der ersten europäischen Studien zu diesem Thema durchgeführt wurde, nahm Dänemark im internationalen Glücksranking durchweg eine Spitzenstellung ein. Im berühmten *World Happiness Report* von 2012, 2013 und 2016 steht das Land an erster Stelle.

Dieser Report gilt als »Bibel« der Vereinten Nationen für das Glücksniveau eines jeden Landes. Zum Vergleich: Italien erreichte 2016 den fünfzigsten Platz, Frankreich den zweiunddreißigsten, Großbritannien den dreiundzwanzigsten, die Vereinigten Staaten den dreizehnten, was die höchste Platzierung für ein so bevölkerungsreiches Land ist. Deutschland landete auf Platz 16. Außerdem stand Dänemark an erster Stelle im *Eurobarometer* von 2012, an erster Stelle im *Gallup World Poll* 2011 (ein weiterer renommierter Gradmesser für die Lebenszufriedenheit) und teilte sich mit Schweden und Finnland den ersten Rang in der *Europäischen Sozialstudie* von 2008. Eine eindrucksvolle Bilanz für ein kleines Land.

Gibt es dafür eine Erklärung? Warum ist dieses kleine Völkchen von ca. 5,6 Millionen Menschen so zufrieden? Schließlich ist Dänemark ein Land, dessen Bürger eher zur Bescheidenheit neigen, in dem es neun Monate im Jahr kalt ist und im Winter schon um 3 Uhr nachmittags dunkel wird. In dem es mehr Schweine (24 Millionen) als Menschen gibt. Ein Land, in dem die Steuerlast weltweit eine der höchsten ist. In dem der höchste Einkommenssteuersatz fast 60 Prozent beträgt, Autos mit 170 Prozent besteuert werden und sich die Mehrwertsteuer auf 25 Prozent beläuft.[2] Ziemlich merkwürdig, oder?

Fragt man die Dänen nach ihrem Status als glücklichste Nation, antworten sie oft: »Oh ja, davon habe ich gehört. Ich bin nicht sicher, ob es stimmt, aber man lebt auf jeden Fall gut hier.« Angeberei liegt Dänen nicht, und damit zu prahlen, die glücklichste Nation der Welt zu sein, käme ihnen schon gar nicht in den Sinn. Im Gegenteil gelten Bescheidenheit und Demut in Dänemark als grundlegende kulturelle Werte. Und ein Zuckerschlecken kann das Leben dort wohl auch nicht sein, denn der Konsum von Alkohol und Antidepressiva ist hoch, ebenso auch die Selbstmordrate (obwohl nicht so hoch wie man munkelt!). Existiert das dänische Glück in Wirklichkeit etwa gar nicht? Doch! Aber natürlich ist das Leben wie überall auch in Dänemark komplex und man sollte sich vor Vereinfachungen hüten. Die Mehrheit der Dänen ist wirklich mit ihrem Leben zufrieden. Die Gründe dafür möchte ich im Folgenden zusammen mit Ihnen erkunden.

Ich kam in Aarhus zur Welt, der mit rund 265.000 Einwohnern zweitgrößten Stadt Dänemarks. Mit dem im glücklichsten Land der Welt erworbenen Wissen ausgerüstet, beschloss ich im Alter von achtzehn Jahren, das Land meiner Kindheit zu verlassen, um mein eigenes Leben zu führen und mein persönliches Glück zu finden. Ich wollte den Unterschied zwischen dem, was ich gelernt hatte, und dem, was ich selbst für die Lebenswahrheit hielt, herausfinden. Um die eigenen Ansichten und Prinzipien auf den Prüfstand zu stellen und möglicherweise zu relativieren, ist die Auseinandersetzung mit der Realität bekanntlich ein probates Mittel.

Damals wusste ich noch nichts von einem »dänischen Modell«. Für mich war das System selbstverständlich: es war normal, war Alltag. Allerdings stellte ich selbst seine zentralen Prinzipien infrage: Wenn alle gleich sind, wie gut ist das für den einzelnen wirklich? Führt Homogenität nicht auch zur Mittelmäßigkeit? Lässt die ständige Betonung von Demut und Bescheidenheit nicht das Potenzial der Menschen verkümmern? Wird unter dem Deckmantel des Wohlfahrtsstaats dem Bürger letztendlich die persönliche Verantwortung abgenommen? Auch über den Begriff Glück, und wo man es denn finden könnte, habe ich nachgedacht. Dazu gehörte für mich, unabhängig und frei zu sein. Diese Vorstellungen wollte ich im wirklichen Leben überprüfen.

Es war ein langer Weg. Mein Kontakt zu anderen Ländern und Kulturen machte mir mein Verständnis von Wohlergehen als stark dänisch geprägt bewusst. Die Reisen durch Asien, die Vereinigten Staaten und die Länder Europas öffneten mir die Augen für die Schätze um mich herum. Ich verlor mein Herz an Frankreich, wo ich jetzt lebe. Die reiche Kultur Frankreichs und die Menschen inspirierten mich. Heute lebe ich also in Frankreich und schreibe über das Glück in Dänemark aus der Distanz, mit allen Vorteilen, die ein Blick von außen mit sich bringt.

Bevor wir die Geheimnisse des dänischen Glücks erforschen, steht aber die grundsätzliche Frage: Was ist Glück? Wie lässt sich Glück definieren? Weltweit gibt es, abhängig von der jeweiligen Sprache und Kultur, eine Fülle an Umschreibungen und Synonymen: »Freude«, »Vergnügen«, »Wohlergehen«, »Glückseligkeit«, »Zufriedenheit« – die Liste ist schier unendlich. Aber sind die aufgezählten Begriffe nach unserem Verständnis nicht allesamt Aspekte von Glück? Wie kann man Glück am besten beschreiben?

Es gibt die pragmatische wissenschaftliche Betrachtungsweise: Für Experten in der bildgebenden Diagnostik ist Glück ein spezifischer messbarer Aktivitätszustand in verschiedenen Teilen des Gehirns. Für Sprachwissenschaftler geht das Wort »Glück« im Deutschen etymologisch auf mittelhochdeutsch *gelücke/lücke* zurück und bedeutete im 14. Jahrhundert »Geschick, Zufall, Glück, Beruf«.[3] Es bezeichnet den guten Ausgang eines Geschehens. Das englische Wort »happiness« stammt von dem mittelenglischen Nomen *hap* ab, das Chance oder Fortüne bedeutet. Bei den Philosophen unterscheiden wir Optimisten wie Montaigne und Spinoza und jene anderen, die Glück für unmöglich hielten, nämlich Schopenhauer und Freud. Andere verbinden Glück mit Lust wie Epikur oder mit Glauben wie Pascal oder aber mit Macht wie Nietzsche.

Die Definition, wie sie der Nationalökonom Richard Layard formuliert hat, scheint mir die eingängigste: »Mit Glück meine ich also einen Zustand des Sich-wohl-Fühlens, das Gefühl, das Leben zu genießen, und den damit verbundenen Wunsch, dieses Gefühl möge nicht aufhören.«[4] Mir gefällt diese Definition, weil sie einfach ist und bei den meisten Menschen Anklang findet.

Lassen Sie uns eine wichtige Unterscheidung nicht vergessen: Den Unterschied zwischen dem kollektiven Glück eines Landes (das in den bekannten Umfragen evaluiert wird) und dem persönlichen Glück.

Das persönliche Glück wird von vielen Faktoren beeinflusst, und ich bin mir nicht sicher, ob sie objektiv erfasst werden können. Auch wenn die Unterscheidung zwischen glücklichen und unglücklichen Menschen meist sehr leicht fällt, bleibt Glück doch ein sehr persönliches Empfinden. Die Experten – Psychiater, Soziologen, Neurowissenschaftler, Erziehungswissenschaftler, Philosophen, Theologen – sind sich immerhin darin einig, dass wir nicht zwingend die gleichen Voraussetzungen haben, wenn es ums Glück geht. Wir können mit einem mehr oder minder großen Potenzial für Glück auf die Welt kommen.

Also ist Glück etwas Vorgegebenes? Einige Experten gehen so weit zu behaupten, dass allein die Gene den Grundpegel unseres persönlichen Glücks bestimmen. Ihrer Meinung nach steuert die genetische Ausstattung eines Individuums systematisch das Glücksniveau. Diese Richtung wird die *Set-Point-Theorie* genannt. Untermauert wird sie von einer Studie aus dem Jahr 1996, bei der dreihundert Zwillingspaare untersucht wurden, die entweder zusammen oder getrennt aufgewachsen waren. Das Ergebnis legt den Schluss nahe, dass 80 Prozent des emotionalen Wohlergehens von der Genetik bestimmt wird.[5] Andere Studien kamen zu einem moderateren Verhältnis von 50 Prozent. Glücklicherweise. Der belgische Psychotherapeut Thierry Janssen sagt zum Beispiel, unsere Kapazität für Glück hänge zu 50 Prozent von unseren Chromosomen ab und zu 10 Prozent von externen Faktoren.[6] Demnach hätten wir die restlichen 40 Prozent selbst in der Hand, was uns immerhin noch genügend Gestaltungsspielraum für unser Glück bietet!

Das in internationalen Studien untersuchte kollektive Glück wird nach anderen Kriterien gemessen. Da ist Vorsicht angebracht. Schon oft versuchte man, dieses Glück zu definieren. So entwarf der König des kleinen Himalaja-Staates Bhutan beispielsweise 1972 einen Index für ein »Bruttonationalglück« (BNG). Das geschah mit ironischem Seitenblick auf das klassische Bruttoinlandsprodukt, den BIP-Index. Das BNG des Königreichs basiert auf vier Kriterien: nachhaltige und faire sozioökonomische Entwicklung, Umweltschutz, Erhaltung und Förderung der Kultur und eine gute Regierungsführung.[7] Dieses Konzept hat Bhutan den Namen »Das glückliche Land« eingebracht, trotz ökonomischer Krise und einem 84. Platz im *World Happiness Report* 2016. Der *Club of Rome*, dessen Mitglieder sich seit 1968 für eine lebenswerte und nachhaltige Zukunft der Menschheit einsetzen, evaluierte das Glück, indem er für eine Bewertung der Lebensqualität nach ökonomischen Faktoren plädierte, nachzulesen in *Die Grenzen des Wachstums* von 1972.[8]

Wie verlässlich sind aber globale Studien zum Thema Glück? Sind sie nicht zwangsläufig bis zu einem gewissen Grad fragwürdig? Denn hängt das Ergebnis nicht vom Ansatz ab, den sie verfolgen, und von ihren Fragestellungen? Eines ist sicher: Das kollektive Glück kann niemals die mathematisch berechnete Summe des individuellen Glücks sein. Wie viele Faktoren können doch bei einer Studie die Antwort eines Menschen beeinflussen! »Sind Sie generell mit Ihrem Leben zufrieden?« Selbst bei dieser simplen Frage können vermeintlich banale Äußerlichkeiten die Antwort einfärben: Wie war das Wetter? Gab es gerade einen größeren nationalen Sieg im Sport zu feiern? Jedes positive oder negative Ereignis, das außerhalb unserer Kontrolle liegt, kann unsere Gestimmtheit beeinflussen. Außerdem darf man fragen, ob sich unglückliche Menschen überhaupt die Mühe machen, an einer Umfrage zum Thema Glück teilzunehmen. Vielleicht haben sie, je nach Grund ihres Unglücklich seins, schlicht keine Lust dazu. Und selbst die Reihenfolge der Fragen kann bei der Beantwortung eine Rolle spielen, das zeigte sich bei größeren Umfragen wie denen der Vereinten Nationen, von Gallup und Eurostat. Wenn zuerst nach Politik und dem Grad der Korruption gefragt wurde, neigten die Befragten zu negativeren Antworten über die eigene Lebenszufriedenheit. Nicht zuletzt muss man bei der Auswertung internationaler Ranglisten stets im Auge behalten, dass sie notgedrungen kulturelle Unterschiede außer Betracht lassen. Wertvorstellungen unterscheiden sich von Land zu Land aber zum Teil erheblich.

Und trotzdem. Auch wenn diese internationalen Studien das kollektive Glück eines Landes nicht exakt abbilden können, so gibt doch die große Zahl an Befragten einen groben Anhaltspunkt, wie es um das durchschnittliche Glücksniveau - oder nennen wir es das Wohlbefinden - der Bevölkerung eines Landes steht. Um mich gründlicher mit dem Thema vertraut zu machen, wandte ich mich an den dänischen Professor Christian Bjørnskov. Er unterrichtet an der Universität Aarhus unter anderem Sozialökonomie und widmet sich schon seit vielen Jahren mit Leidenschaft diesem Thema. Zudem ist er Gründungsmitglied des *Instituts für Glücksforschung.*[9] Ja, so ein *Institut for Lykkeforskning* gibt es wirklich. In Frederiksberg existiert eine Ideenschmiede von Menschen, die sich ausschließlich diesem wunderbaren Thema widmen. Einen Vormittag lang diskutierten wir im Café Casablanca in meiner Heimatstadt Aarhus das Phänomen. Professor Bjørnskov erklärte, es gäbe eine Reihe universeller Faktoren, die zum Glück einer Nation beitragen: nämlich ein demokratisches Staatswesen, ein gewisser Grad an nationalem Wohlstand, ein funktionierendes Rechtssystem und die Abwesenheit von Krieg. Nach seiner Schätzung erfüllen dreißig bis vierzig Länder auf der Welt diese Kriterien. Sobald diese Grundlage vorhanden ist, beeinflussen noch andere Faktoren das Glücksniveau, dazu gehört insbesondere das Vertrauen in andere sowie die Freiheit (und die Möglichkeit), den eigenen Lebensweg frei wählen zu können.

Zu guter Letzt: Gibt es eigentlich ein universelles Recht auf Glück? Auf Wohlergehen, unabhängig von möglichen Varianten und subtilen Einflüssen? In der amerikanischen Unabhängigkeitserklärung, die am 4. Juli 1776 in Boston verabschiedet wurde, ist ein solches Recht schwarz auf weiß festgeschrieben: »Wir halten diese Wahrheiten für ausgemacht, daß alle Menschen gleich erschaffen wurden, daß sie von ihrem Schöpfer mit gewissen unveräußerlichen Rechten begabt wurden, worunter sind Leben, Freyheit und das Bestreben nach Glückseligkeit.«

Was liegt denn nun dem dänischen Glück zugrunde? Nach vielen Jahren im Ausland möchte ich dieses »dänische Modell« anhand von zehn einfachen Grundprinzipien genauer unter die Lupe nehmen. Lassen Sie uns im Folgenden die Bausteine betrachten, auf denen es zu beruhen scheint, ohne die Komplexität und die Dimension des Themas aus den Augen zu verlieren. Dabei werde ich mich von meinen Erlebnissen inspirieren lassen, aber auch von den Menschen, die mir begegnet sind.

Es waren einmal zehn einfache Grundprinzipien, um »glücklich wie ein Däne« zu sein.

1. VERTRAUEN
Wir vertrauen anderen Menschen – grundsätzlich

In Dänemark ist das Vertrauen der Menschen ineinander weltweit am größten.

Es ist ein herrlicher Sommertag in Dänemark. Die Menschen halten sich im Freien auf, genießen den seltenen und kostbaren Sonnenschein und die sommerlichen Temperaturen. Meine Mutter und ich fahren aufs Land, um Obst und Gemüse fürs Abendessen zu kaufen. Am Straßenrand bieten die umliegenden Höfe an Verkaufsständen ihre Produkte an: Kartoffeln, Erbsen, Karotten, Himbeeren und Erdbeeren. Das ist nicht ungewöhnlich. Überraschend ist, dass niemand diese Stände beaufsichtigt. Auf jedem Tisch steht ein kleiner Topf, in dem man das Geld für die gekauften Waren hinterlässt. Die Bauern denken sogar an Wechselgeld und legen einige Münzen hinein. Am Ende des Tages holen sie ihre Einnahmen ab. So war es in meiner Kindheit und so wird es auch heute noch gehalten. Dass niemand an Diebstahl denkt, mag andere verblüffen, für uns Dänen ist es selbstverständlich.

Wie lässt sich erklären, dass dieses System funktioniert?

Das Vertrauen steigt mit fallenden Temperaturen
Im Jahr 2012 publizierte der dänische Professor Gert Tinggaard Svendsen ein Buch über Vertrauen.[1] In dieser Studie vergleicht er dreiundachtzig Länder.[2] Sein Fazit: 78 Prozent der Dänen vertrauen den Menschen in ihrer näheren Umgebung. Das ist ein Weltrekord! In den anderen untersuchten Ländern lag dieser Wert im

19

Durchschnitt bei 25 Prozent oder darunter. Zweifellos vertrauen die Menschen in Dänemark einander mehr als irgendwo sonst auf der Welt. Mit Ausnahme ihrer skandinavischen Nachbarn, denn interessanterweise nehmen in der Studie alle skandinavischen Länder einen Spitzenplatz ein. Einen der untersten Plätze belegt Brasilien mit 5 Prozent. Das übrige Südamerika und die afrikanischen Länder leisten Brasilien auf den unteren Rängen Gesellschaft. Frankreich und Portugal liegen unter dem Durchschnitt; mehr als sieben von zehn Menschen in Frankreich misstrauen ihrer Peergroup. In den Vereinigten Staaten vertrauen mit 36 Prozent offensichtlich überdurchschnittlich viele ihren Mitmenschen, während die Briten mit 25 Prozent im europäischen Durchschnitt liegen.

Laut Studie vertrauen sogar 84 Prozent der Dänen ihren Institutionen (Regierung, Polizei, Justiz und öffentlicher Dienst). Schreibt Professor Svendsen das nur, weil er Däne ist? Kaum. So haben z. B. auch die französischen Wissenschaftler Yann Algan und Pierre Cahuc ermittelt, dass die Dänen ihre Institutionen selten infrage stellen.[3] In Dänemark glauben lediglich 9 Prozent nicht an die Unparteilichkeit der Polizei, wohingegen es in Großbritannien und Deutschland 15 Prozent der Bevölkerung sind, in Frankreich 25 Prozent und in Russland 65 Prozent.[4] Außerdem belegt Dänemark den ersten Rang in der Forbes Liste *World's 10 Best Governments*.[5] In die Bewertung für diese Liste gehen ein: staatliche Macht, Korruptionsfälle, Sicherheit und Ordnung, Bürgerrechte, Transparenz der Regierungsarbeit, behördliche Vollzugsmaßnahmen und Zivil- und strafrechtliche Rechtsprechung. In der aktuellsten Untersuchung aus dem Jahr 2015 werden Dänemark die fairsten Rechtsgrundsätze der Welt bescheinigt. (Deutschland belegt

Platz 8, Großbritannien Platz 12, Frankreich Platz 18, die USA Platz 19, Italien Platz 30.)[6]

Aus diesen Befunden lassen sich einige Konsequenzen für die Gesellschaft ableiten. Zum Beispiel: Würden Sie anstandslos Ihre Einkommenssteuer zahlen, wenn Sie den Verdacht hätten, dass alle um Sie herum betrügen? Wahrscheinlich nicht. Sie würden sich eher für dumm halten, denn als guter Bürger fühlen. Menschen halten Vorschriften eher ein, wenn sie glauben, andere machen es genauso. Ein tragfähiger Wohlfahrtsstaat ist nur realisierbar, wenn er auf zwischenmenschlichem Vertrauen basiert.

Vertrauen hat also nicht nur einen tiefgreifenden Einfluss darauf, wie eine Gesellschaft funktioniert, es wirkt sich auch auf die persönliche Lebenszufriedenheit aus. Zahlreiche Wissenschaftler aus aller Welt, Soziologen, Ökonomen und Philosophen, haben versucht zu definieren, wie Glück entsteht. In einem Punkt sind sich fast alle einig: Ein entscheidender Faktor ist das zwischenmenschliche Vertrauen. Abschließend soll der schon genannte *World Happiness Report* erwähnt werden.[7] Dieser stellt eindeutig fest: Je mehr die Menschen einander vertrauen, umso glücklicher fühlen sie sich. Die französischen Wissenschaftler Cahuc und Algan bestätigen die Kehrseite dieser Aussage. Sie erklären, dass eine auf Misstrauen basierende Gesellschaft sich weniger zum Glücklich sein eignet.[8] Professor Christian Bjørnskov kommt zum selben Ergebnis: »Das hohe Vertrauensniveau in [Dänemark] ist eine der signifikantesten Erklärungen für das hohe Glücksniveau.«[9]

Verantwortungslosigkeit oder Vertrauen?
Mäntel, Portemonnaies und Babys

In der Kopenhagener Oper sind Ausländer immer wieder erstaunt, dass die Dänen ihre Mäntel in einer unbeaufsichtigten Garderobe ablegen. Das zeigt beispielhaft das instinktive gegenseitige Vertrauen. Diese Opernbesucher wissen, dass sie ihre persönliche Habe nach der Vorstellung immer noch vorfinden werden – sie kommen gar nicht auf die Idee, dass es anders sein könnte.

Als ich noch in Dänemark lebte, kam ich auch nicht auf diesen Gedanken. Mein Bruder erzählte mir einmal nach einem Supermarktbesuch, er habe 500 Kronen (ca. 67 Euro) in einer Apfelkiste gefunden. »Das Geld muss jemand verloren haben«, sagte er. Er hatte das Geld einem Abteilungsleiter übergeben. Die rechtmäßige Besitzerin kam abends in den Supermarkt, um ihre 500 Kronen abzuholen und der Abteilungsleiter gab ihr das Geld zurück. Als Dankeschön hinterließ sie 100 Kronen für meinen Bruder.

Diese Geschichte mag Nicht-Dänen ausgesprochen lächerlich vorkommen. »Wie naiv! Der Abteilungsleiter hat das Geld natürlich selbst behalten«, sagen Sie vielleicht. Ich kann eine solche Reaktion nachvollziehen. Schließlich habe ich über zwanzig Jahre außerhalb von Dänemark gelebt und selbst gesehen, dass Misstrauen verbreiteter ist als Vertrauen – leider oft aus guten Gründen. Stellen Sie sich Folgendes vor: Sie verlieren Ihr Portemonnaie auf der Straße. Glauben Sie, dass Sie es zurückbekommen? Ein aufschlussreiches Experiment von *Reader's Digest* beantwortet diese Frage.[10] Die Organisatoren des Experiments ließen in Straßen verschiedener Städte auf der ganzen Welt insgesamt elfhundert Portemonnaies fallen. Jedes enthielt den Gegenwert von 50 Dollar in lokaler Währung sowie die Kontaktdetails des Besitzers. Ziel war es herauszufinden, wie viele Leute das Portemonnaie behielten und wie viele es abgaben. In der dänischen Stadt Aalborg (130.000 Einwohner) wurden 100 Prozent der Portemonnaies mit dem Geld abgegeben. Der Durchschnitt aller untersuchten Städte lag bei knapp über 50 Prozent. Das Experiment machte deutlich, dass man in vielen Ländern, darunter Mexiko, China, Italien und Russland, nur eine sehr geringe Chance hat, sein Eigentum zurückzubekommen. In den Vereinigten Staaten und in Großbritannien gaben 67 Prozent der Menschen das Portemonnaie ab, was ein recht gutes Ergebnis war.

Vertrauen gehört zu den Dingen, die das Leben grundlegend verändern können, denn es bringt Seelenfrieden. Eines Tages wurden meiner Mutter in Paris 300 Euro Bargeld gestohlen. Ihre dänische Versicherung fragte, ob sie belegen könne, diese Summe am betreffenden Tag abgehoben zu haben. Leider hatte sie den ATM-Beleg nicht aufbewahrt und konnte so nicht sofort den Nachweis erbringen. Die Versicherungsgesellschaft glaubte ihr auch ohne Nachweis und erstattete den vollen Betrag. Einige Jahre später passierte mir in Paris das gleiche Malheur. Die Sachbearbeiterin meiner französischen Versicherung wiederholte immer nur denselben Satz: »Sie machen wohl Witze, oder?«

Noch ein Beispiel: Um mein Studium zu finanzieren, arbeitete ich drei Jahre lang in einem Café in Kopenhagen. Das Café war bekannt dafür, dass viele Kinderwagen davorstanden. Junge Mütter im Mutterschaftsurlaub stellten sie draußen ab, während sie sich drinnen mit ihren Freundinnen trafen. Nicht-Dänen sind immer wieder erstaunt, aber in Dänemark ist es üblich, dass Eltern ihre Babys bei Restaurant- und Cafébesuchen draußen stehen lassen. Einerseits passt niemand auf die Kinder auf, andererseits passt jeder auf sie auf – denn, um es noch einmal zu sagen, die Dänen vertrauen den Menschen in ihrer näheren Umgebung.

Diese Gewohnheit verursachte vor einigen Jahren in New York einen Skandal. Eine junge Dänin hatte ihr Baby im Kinderwagen vor einem Restaurant abgestellt, während sie und der Kindesvater drinnen ihr Essen genossen. Das Restaurant rief die Polizei und die Mutter wurde wegen Vernachlässigung festgenommen. Die US-Behörden behielten das Baby für drei oder vier Tage in ihrer Obhut, bevor sie das kleine Mädchen wieder der Mutter aushändigten.

Verrat-freie Zone

Im August 2012 organisierte das dänische Finanzblatt *Børsen* eine große Konferenz zum Thema Vertrauen.[11] Es versteht sich, dass Stephen M. R. Covey, Experte auf diesem Gebiet und Bestsellerautor von *The Speed of Trust*, zu einem Vortrag eingeladen war.[12] Zunächst würdigte er Dänemark als *das* Musterland für Vertrauen. Anschließend ging er auf die extrem hohen Kosten ein, die mit mangelndem Vertrauen einhergehen. Wenn sich in Organisationen die einzelnen Menschen gegenseitig mit Skepsis begegnen, müssen kostspielige Überwachungstechniken und Sicherheitsmaßnahmen eingeführt und die Befolgung von Regeln eingefordert werden. Covey berichtete von einem größeren Geschäft, das der berühmte amerikanische Investor Warren Buffett getätigt hatte. Es handelte sich dabei um die Übernahme des Auslieferungsunternehmens der Walmart Stores – die McLane Company, deren Umsatz sich auf 23 Milliarden Dollar beläuft. Normalerweise würde eine Fusion dieser Größenordnung monatelang dauern und die Anwalts- und Beratergebühren würden ein Vermögen kosten, da beide

Parteien auf Herz und Nieren geprüft werden müssen. Aber in diesem Fall mochten die beiden Seiten sich und vertrauten einander. Das Geschäft wurde innerhalb von zwei Stunden abgewickelt und mit Handschlag besiegelt, wodurch man sich monatelange Arbeit und Millionen Dollars ersparte. Covey vertritt die Auffassung: »Misstrauen verdoppelt die Geschäftskosten«.[13]

Die damalige dänische Wirtschaftsministerin, Margrethe Vestager, nahm ebenfalls an der Konferenz teil. Fast eine Stunde lang erläuterte sie, dass Vertrauen ein wirtschaftlicher Faktor sei und zu Einsparungen führe. Als Beispiel nannte sie den Umgang mit Arbeitslosen. Es koste wesentlich weniger, den Arbeitslosen zu vertrauen, als sie zu überwachen. Auch heute noch, als Leiterin des Wettbewerbsressorts bei der Europäischen Kommission, hält sie an dieser Überzeugung fest. Es sei angemerkt, dass die Dänen sehr stolz auf ihr Wohlfahrtssystem sind. Aus einer im Auftrag der dänischen Tageszeitung *Jyllands-Posten* durchgeführten Studie geht hervor, dass sie mit dieser Errungenschaft höchst zufrieden sind, sogar zufriedener als mit Demokratie, Toleranz und Frieden in ihrem Land.[14] Aber die Dänen sind sich gleichzeitig bewusst, dass jeder Bürger ehrlich seinen Beitrag leisten muss, ohne betrügerische Absichten. Hinsichtlich der Ehrlichkeit bei Arbeitssuchenden herrscht folgende Überzeugung vor: Ehrlichkeit liegt nicht nur im eigenen Interesse der Arbeitslosen, sondern auch im Interesse der Allgemeinheit. Vestager räumte ein, dass trotz allem sogar in Dänemark ein Minimum an Kontrolle notwendig sei. Im September 2012 entbrannte eine Debatte um einen jungen Mann, dem die Presse den Spitznamen »fauler Robert« verpasste. Das ganze Land empörte sich, als der faule Robert verkündete, er würde lieber Arbeitslosengeld beanspruchen, als einen seiner Meinung nach langweiligen Job bei einer Fast-Food-Kette anzunehmen. Wie konnte jemand absichtlich und so schamlos das System ausnutzen? Natürlich ist der faule Robert nicht der Einzige mit so einer Einstellung, aber die Dänen waren tatsächlich schockiert. Die Franzosen sind in dieser Hinsicht wahrscheinlich weniger empfindlich. So erzählte mir eines Tages eine junge Französin von ihrem spannenden Leben in Amerika. »Klingt fantastisch, aber wie können Sie ohne eine Greencard Geld verdienen?«, fragte ich sie. »Ich lebe von Arbeitslosenunterstützung!«, antwortete sie, ohne verlegen zu sein. In einem anderen Fall erzählte mir mein Tischnachbar auf einer Dinner-Party stolz, dass er sich dank Arbeitslosenunterstützung ein Sabbatjahr genommen hätte. Er wollte nur für einige Zeit abhängen, über das Leben nachdenken und etwas Freizeit genießen!

Auf jeden Fall verließ ich die Børsen-Konferenz mit einem Lächeln im Gesicht. Ich freute mich für mein Land. Und ich ermahnte mich selbst, nicht zu vergessen, den Teilnahmebetrag von 750 Euro zu bezahlen. Ja, richtig – die Organisatoren hatten keine Vorauszahlung verlangt. Sie verließen sich darauf, dass die Teilnehmer später zahlen würden. Wie der frühere dänische Premierminister Poul Nyrup Rasmussen einmal sagte: »Sie werden kaum einen Dänen mit einem Messer in der Hand sehen, ohne dass er in der anderen eine Gabel hält.«[15]

Schwindeleien und korrupte Deals

Als ich meinen ersten Job in Paris hatte, machte mir ein Drucker ein äußerst attraktives Angebot. Ich rief meinen Vater an und erzählte ihm davon. »Er macht uns ein Superangebot für unsere Broschüren - er will sie günstiger drucken als die anderen Drucker, außerdem vermietet er ein wunderbares Apartment, noch dazu in meiner

Traumgegend. Das hat er mir für einen sehr akzeptablen Preis angeboten. Ist das nicht nett?« »Ja«, antwortete mein Vater, »aber was machst du, wenn er eines Tages seine Preise erhöht? Wenn du in seinem Apartment wohnst und eine Miete unter Marktwert zahlst, steckst du plötzlich in der Klemme, oder wie siehst du das?«

Natürlich hieß die Antwort »Ja« und ich nahm das Angebot nicht an. Ich suchte mir sogar einen anderen Drucker. Meine erste Reaktion rührte daher, dass ich glaubte, das Angebot des ersten Druckers hätte ein besseres Preis-Leistungs-Verhältnis als andere Angebote. Außerdem bot er mir netterweise auch einen Deal für das Apartment an. Es schien eine Win-win-Situation zu sein. Tatsächlich hätte ich mir aber lauter Probleme eingehandelt. Wenn ich auf sein Angebot eingegangen wäre, hätte ich meine Unabhängigkeit und Objektivität in unserer Geschäftspartnerschaft auf Spiel gesetzt. Ich hätte als Angestellte eines Unternehmens ein persönliches Interesse daran gehabt, den Vertrag mit diesem speziellen Anbieter einzuhalten.

Wenn ich diese Anekdote erzähle, erhalte ich meistens sehr unterschiedliche Reaktionen. Einige sagen (zugegeben hauptsächlich Südeuropäer): »Wie dumm von dir! Stell dir vor, wie schön du in diesem Apartment hättest wohnen können!« Während andere Freunde (oft Dänen) verärgert sind: »Wie schrecklich! Der Kerl wollte dich bestechen. Was für ein zwielichtiges Angebot – gut, dass du es nicht akzeptiert hast.« Die lexikalische Definition von Korruption ist »der Missbrauch von Macht zu Zwecken des persönlichen Gewinns«. Meine Anekdote ist zwar ein schlichtes Beispiel, trifft es aber doch genau.

In Dänemark – wie auch in Finnland und Schweden – ist die Korruption weltweit auf dem niedrigsten Stand. *Transparency International* – eine Organisation, die sich weltweit dem Kampf gegen die Korruption widmet – erstellt einen regelmäßigen globalen Index, der die Wahrnehmung von Korruption bei den Einwohnern eines Landes angibt. In den letzten drei Jahresberichten wird Dänemark (allein) jedes Mal als das Land genannt, in dem die geringste Korruption wahrgenommen wird.[16] Um nur einige Beispiele zu nennen, so rangieren Deutschland und Großbritannien auf dem zehnten Platz, die Vereinigten Staaten auf dem sechzehnten, Japan auf dem achtzehnten und Frankreich auf dem sechsundzwanzigsten. Spanien nimmt den sechsunddreißigsten Platz ein, Korea den siebenunddreißigsten und Italien den einundsechzigsten. Die Schwellenländer China (83. Platz) und Mexiko (95. Platz) rangieren weit hinten und die Länder, in denen es kriegerische Konflikte gibt, wie Afghanistan (166. Platz) oder Somalia (167. Platz) stehen an letzter Stelle.[17]

Allgemein betrachtet ist die Korruption in Dänemarks Regierungsinstitutionen und im Businesssektor sehr niedrig. Die Dänen sind in dieser Sache kompromisslos. Über 90 Prozent sagen, dass »Bestechung am Arbeitsplatz nicht zu rechtfertigen sei«. Der Prozentsatz der Menschen, die dieser Äußerung zustimmen, liegt in Frankreich bei 50 Prozent, in Portugal bei 75 Prozent und in Amerika bei 80 Prozent.[18]

Korruption unter Strafe zu stellen dient als wirksame Abschreckung. Einen der berühmtesten Korruptionsfälle Dänemarks gab es 2002. Peter Brixtofte, ein beliebter Politiker und der damalige Bürgermeister der Stadt Farum, wurde beschuldigt, das System zu missbrauchen und das Gemeinwohl zu schädigen. Der Skandal begann, als die Presse eine Restaurantrechnung (inklusive immens teurer Weine) von ca. 20.000 Euro veröffentlichte. Brixtofte hatte sie als Ausgaben für »verschiedene Ratssitzungen« deklariert. Andere Betrügereien kamen ans Tageslicht. Bei einigen davon waren auch Freunde die Nutznießer gewesen. Dieser Fall schockierte die Dänen und Brixtofte wurde umgehend vom politischen Leben ausgeschlossen. Nach mehreren Berufungsverfahren wurde er schließlich zu zwei Jahren Gefängnis verurteilt.

2004 führte die im dänischen Außenministerium angesiedelte *Danish International Development Agency* (Danida) einen Aktionsplan zur Bekämpfung von Korruption ein. Sie entwickelte einen Verhaltenskodex und schrieb eine Null-Toleranz-Politik fest. Dieser Verhaltenskodex gilt sowohl für Danidas eigene Entwicklungshelfer als auch für Projektbeteiligte, Partner und Hilfsempfänger. Eine Antikorruptionshotline wurde eingerichtet, die es den Leuten ermöglicht, Korruptionsfälle anonym zu melden.

Wenn eine Bevölkerung Vertrauen zu ihren Politikern, Institutionen und finanziellen Gremien hat, ist das ein solides Fundament für ein glückliches Leben. Meiner Meinung nach ist das einer der Hauptgründe für das Glück der Dänen.

2. BILDUNG
Jeder hat einen Platz in der Gesellschaft

Bildung ist in Dänemark darauf ausgerichtet, die Persönlichkeit und die Fähigkeiten aller Schüler und Studierenden zu entwickeln; es wird nicht versucht eine Elite auszubilden. Bildung ist kostenlos und Studierende erhalten sogar staatliche Stipendien. Sie ist also für alle zugänglich.[1]

Es war mein erster Tag an der London South Bank University, wo ich im Rahmen meines Studiums am Niels Brock Copenhagen Business College ein Semester verbrachte. Ich saß mit dreihundert anderen Studierenden im Audimax und wir alle hörten dem Professor aufmerksam zu. Am Ende seiner Einführung sah er sich im Hörsaal um und sagte: »Abschließend noch etwas für unsere dänischen Studenten: Wir sind hier nicht an Ihrer persönlichen Meinung interessiert. Sie müssen das, was Sie sagen wollen, mit Zitaten anerkannter Autoritäten belegen.«

Die Warnung überraschte mich und ich fragte mich, ob der Professor etwas gegen Dänen hatte! Aber darum ging es nicht. Hier werden zwei unterschiedliche Bildungssysteme sichtbar. Die Dänen verfolgen das wichtige Ziel, Kinder zu eigenständigen Persönlichkeiten zu erziehen. Lehrer und Lehrerinnen ermutigen sie daher zu Neugier und eigener Meinung, statt auswendig gelerntes Fachwissen abzufragen. Sie regen sie an, eigene Erfahrungen zu machen und einen persönlichen Blickwinkel zu entwickeln. Das Bildungssystem ist darauf ausgerichtet, zukünftige Bürger zu erziehen, die in einer auf Gleichberechtigung, Solidarität und Freiheit beruhenden Gesellschaft alle ihre Rechte, Verantwortungen und Pflichten kennen. An dänischen Schulen bemüht man sich auch tatkräftig darum, das Selbstwertgefühl und die Persönlichkeit der Schülerinnen und Schüler zu stärken, so dass sie für die Zukunft gut gerüstet sind.

Ich denke selbst, darum bin ich

Sind die Dänen völlig verrückt? Eigentlich nicht. Selbstständigkeit und aktive Teilnahme am Lernprozess gehören zu den anerkannten Prinzipien in der Kognitions- und Erziehungswissenschaft. Bei der *Organisation für wirtschaftliche Zusammenarbeit und Entwicklung* (OECD) sind die Wissenschaft*ler am Centre for Educational Research and Innovation* (CERI) sich einig: Das menschliche Gehirn arbeitet besser, wenn die Menschen experimentieren, partizipieren und eigene Vorschläge einbringen, als wenn der Lernende das zu vermittelnde Wissen passiv aufnimmt.[2] Das ist nichts Neues. Bereits Sokrates wusste, dass das Gehirn am besten arbeitet, wenn es die Erkenntnis selbst »gebären« und eigene Lösungen finden muss. Genau das bezeichnen die OECD und die UNESCO als die »Fähigkeiten des 21. Jahrhunderts«. Dazu gehören Gemeinschaftsarbeit und Austausch, kritisches Denken und Problemlösungskompetenz, Kreativität und Innovation sowie Initiative und Selbststeuerung.[3] Diese Fähigkeiten sind die von heutigen Arbeitgebern meistgefragten und für unsere Gesellschaft nützlichsten Qualitäten.

Die Entfaltung der eigenen Persönlichkeit steht auch im Fokus zweier besonderer Schultypen in Dänemark: die *Efterskole* [dt: Nachschule], die in anderen Ländern keine Entsprechung hat, und die *Højskole* [dt: Heimvolkshochschule], die auch Vorbildcharakter für einige Bildungsinstitutionen in Norddeutschland hatte. Die Efterskole bietet dänischen Schülern zwischen 14 und

18 Jahren die Möglichkeit, ein bis drei Jahre an einer Internatsschule zu verbringen. Diese Schulen setzen sich für eine gesamthafte Entwicklung der Schüler ein und sehen es als ihre Aufgabe an, ihr Potenzial auch außerhalb der traditionellen Schulfächer zu entwickeln. So soll den Jugendlichen geholfen werden, einen Platz in der Gesellschaft zu finden, selbst wenn ihre Leistungen im herkömmlichen akademischen Bereich nicht überragend sind. An einer Efterskole legt man Wert auf Kreativität, Sport, Berufskenntnisse – überwiegend im handwerklichen Bereich - und auf Gruppenarbeit. Alle Fächer werden in einer solidarischen und freiheitlichen Atmosphäre vermittelt. Nach dem Besuch einer Efterskole – und mit dem dort erworbenen Selbstvertrauen – finden viele Schüler den richtigen Platz im Leben. In Dänemark gibt es ca. 260 dieser Schulen. Deren Dachverband *Efterskoleforeningen* bestätigt, dass es sich um eine unter jungen Dänen sehr populäre Schuloption handelt. Über 15 Prozent aller Schüler und Schülerinnen melden sich jedes Jahr an einer Efterskole an.

Im September 2012 publizierte Damvad Analytics im Auftrag von Efterskoleforeningen eine Studie über die Rolle der Efterskoler. Sie beleuchtet den Zeitraum 2000–2010 und bestätigt, dass Schüler nach dem Besuch einer Efterskole nicht nur mit größerer Wahrscheinlichkeit auf die gymnasiale Oberstufe wechselten oder eine Berufsausbildung begannen, sondern diese auch erfolgreich abschlossen. Die Autoren der Untersuchung stellten außerdem fest, dass das an diesen Schulen vorherrschende Solidaritätsgefühl sich positiv auswirkt. Schüler aus schwierigen familiären Verhältnissen werden angespornt und von privilegierteren Kindern unterstützt. Unendlich viele positive Berichte bekräftigen dieses Ergebnis, unter anderen der von Emma Rytter Hansen, mit der ich ein längeres Gespräch führte.[4] Emma besuchte ein Jahr lang eine Efterskole, bevor sie ihr Abschlussexamen am Gymnasium ablegte. Sie erzählte mir, dass sie in diesem Jahr gelernt habe, wie hilfreich Gespräche und Toleranz sind, um die unterschiedlichsten Menschen zu akzeptieren und zu respektieren. »An der Schule war ich eine richtige Rebellin und benahm mich andauernd schlecht. Ich träumte von einer zweiten Chance.« Emma machte die Erfahrung, dass sie sich selbst und andere besser kennenlernen musste, damit sie in einem System, in dem das Wohl der Gruppe Vorrang vor persönlichen Zielen hat, besser mitarbeiten konnte. »Ich erkannte, wie wertvoll es war, in einer Gemeinschaft zu leben, die Platz für jeden hat. Eine Welt, in der keiner ausgeschlossen wird und in der die Probleme im Dialog gelöst werden.«

Diese Schulen haben trotz aller Freiheiten strenge Regeln. Jede illegale Handlung, beispielsweise Drogenkonsum, Diebstahl und Gewalt, kann zum Schulverweis führen. Emma erinnerte sich an eine junge Mitschülerin. Sie hatte viele Schwierigkeiten, weil sie häufig log und Geld stahl. »Wir haben als Gemeinschaft viel Zeit aufgewandt, um mit ihr zu reden, aber nach sechs Monaten entschied die Verwaltung, dass sie das Wohlergehen und die Harmonie der Gruppe gefährdete. So wurde sie von der Schule verwiesen und kam in die Obhut des Sozialamtes, das sich um die besonders schwierigen Fälle kümmert. »Solidarität«, »Toleranz« und »Selbstvertrauen« sind die Schlüsselwörter, aber das System muss von jedem respektiert werden.«

Am Ende unserer Unterhaltung sagte Emma: »Dieses Jahr hat mich verändert. Es hat mir eine solide Basis gegeben, um eine Zukunft zu gestalten, die mit mir als Person übereinstimmt.«

Die andere besondere dänische Schule ist die *Høj-skole*. Stellen Sie sich eine Schule vor, die sich als oberstes Ziel gesetzt hat, in den Studierenden den Lernwunsch wach zu rufen. Ein Ort, wo jeder sich frei äußern und jede beliebige Frage stellen kann, von Wissensdurst geleitet oder einfach auf der Suche nach Antworten. So eine Schule existiert in Dänemark. Sie wurde im neunzehnten Jahrhundert vom lutherischen Bischoff N.F.S. Grundt-vig gegründet, der auch Sprachforscher, Historiker und Pädagoge war. Grundtvig gilt als Vater des Konzeptes »Lebenslanges Lernen«. Er glaubte an eine Pädagogik, die auf Freude am Lernen beruhte und fundamentale Werte wie Gleichberechtigung, Respekt, Teilhabe und Zusammenhalt verkörperte. Er entwarf eine für alle zugängliche Schule, eine Art Schule des Lebens, wo Schüler kreativ sein konnten und gemeinschaftlich zu leben lernten. Diese Schule sollte eine kostenlose Erziehung ermöglichen, ohne Konkurrenzkampf oder Diplom.

Grundtvigs erste Højskole wurde 1844 in Rødding gegründet. Heute gibt es in ganz Dänemark etwa 70 Høj-skoler. Das Durchschnittsalter der Studierenden liegt bei ca. vierundzwanzig Jahren, doch es nehmen auch Menschen aus anderen Altersgruppen teil. Allen gemeinsam ist der Wunsch nach einer bereichernden persönlichen Erfahrung. In Übereinstimmung mit Grundtvigs ursprünglicher Philosophie sind die Aufnahmebedingungen an der Højskole einfach zu erfüllen. Man muss mindestens siebzehn Jahre alt sein und eine der Arbeitssprachen an der Schule sprechen, entweder Dänisch oder Englisch. Die Kurslänge variiert zwischen einer Woche und zehn Monaten. Der dänische Staat unterstützt das System durch Stipendien und direkte Fördergelder für die Schulen. Nach Angaben des Amtes für dänische Statistik belegten 2012 fast zehntausend Dänen einen langen Kurs [8-40 Wochen] an einer Højskole, während fünfundvierzigtausend einen kurzen Kurs [1-7 Wochen] besuchten. Man schätzt, dass jeder zehnte Däne einmal an einem Kurs auf einer Højskole teilnimmt.[5]

Schule: Ein Zuckerschlecken?

2012 zeigte das dänische Fernsehen DR1 eine Dokumentarserie, die zwei Schulklassen, eine in Dänemark und eine in China, durch das letzte Jahr ihrer obligatorischen Schulzeit begleitete.[6] Ziel war es, die Fähigkeiten von dänischen und chinesischen Schülern zu vergleichen. Letztere gehören zu den leistungsstärksten Schülern weltweit.[7]

Die chinesischen Schüler lagen in fast allen Fächern mit Abstand an der Spitze und übertrafen die Dänen, vor allem in Selbstdisziplin. Das Programm entfachte eine heiße Debatte in den Medien. Hatte das dänische Schulmodell im Licht der internationalen Konkurrenz noch eine Berechtigung? Musste das Bildungssystem und dessen gesamte Grundlage radikal überprüft werden? Vielleicht. Jedoch wurden in der Serie nur die akademischen Ergebnisse verglichen. Das Wohlbefinden der Schüler ließ man außer Acht. Auch blieb unberücksichtigt, wie kompetent die Schüler ihre persönlichen Fähigkeiten, die ihnen letztendlich die Wahl eines individuell abgestimmten Werdegangs erlaubten, zu entwickeln wussten. Liest man, dass ein Drittel der Schüler in OECD-Ländern keine Freude am Lernen hat[8] und dass fast dreiviertel der jungen Menschen in Frankreich angibt, sich an weiterführenden Schule zu langweilen[9], so stimmt das sehr nachdenklich. Aus einer weiteren internationalen Studie der OECD geht hervor, dass US-Schüler sich in der Schule nur durchschnittlich engagierten und schlechter abschnitten als Schüler in Deutschland, Japan, Korea und China.[10]

Das dänische Erziehungssystem lehnt Elitenbildung ab. Es ist nicht wichtig, Bestnoten zu haben. Letztendlich repräsentieren Eliten weltweit doch nur sehr wenige Menschen. Auch fehlt ein offizieller Maßstab, was »eine Elite« ausmacht. Ich denke, man könnte von ein bis fünf Prozent der Bevölkerung eines Landes ausgehen. Ob nun gesunder Menschenverstand oder einfach nur Lebensphilosophie, die meisten Dänen interessieren sich mehr für die anderen 95-99 Prozent der Bevölkerung. Daher ist Bildung in Dänemark darauf ausgerichtet, Wissen so zu vermitteln, dass die Mehrheit der Schüler folgen kann. Das Niveau richtet sich nach der Mehrheit, nicht nach den Klassenbesten. Man will sicherstellen, dass man niemanden zurücklässt. Hauptziel des dänischen Bildungssystems ist nicht, dass die Schüler mit ihrem erworbenen Wissen glänzen, sondern dass jeder Einzelne sich mit seinen besonderen Fähigkeiten und seiner Persönlichkeit wertgeschätzt fühlt. Alle Schüler sollen begreifen, dass sie einen Platz in der Gesellschaft haben.

1999, gegen Ende meines Betriebswirtschaftsstudiums am Niels Brock College in Kopenhagen, traf ich mich mit vier Studenten aus meiner Klasse, um mich auf ein Gruppenexamen vorzubereiten. Diese Art der Prüfung ist ein weiteres typisch dänisches Phänomen. Das Konzept wurde 1993 von der damaligen Mitte-Links-Regierung eingeführt mit dem Ziel, Zusammenhalt und Teamgeist zu fördern.[11] Die Initiative beinhaltete eine schriftliche Aufgabe als Gruppenarbeit, gefolgt von einem mündlichen Examen. Während der Projektarbeit präsentierte jedes Gruppenmitglied seinen Teil der Aufgabe und wurde individuell beurteilt. Die Noten hingen jedoch stark von der Gesamtleistung der Gruppe ab. 2006 gab Dänemarks zu der Zeit rechtsorientierte Regierung das Konzept auf und behauptete, dass es die individuellen Verdienste der Schüler nicht ausreichend bewerte.[12] Die Entscheidung verärgerte die Schüler, die im Einklang mit der dänischen Mentalität die solidarische Arbeit an einem gemeinschaftlichen Projekt schätzten. Das Gruppenexamen wurde letztendlich 2012 wiedereingeführt und die Schulen können jetzt selbst wählen, ob sie es durchführen wollen oder nicht.[13] Schon das allein ist eine sehr dänische Lösung!

Die Hochschulausbildung ist ebenfalls kostenlos. Sie wird sogar durch ein staatliches Stipendium von 5.900 Kronen (ca.800 Euro) monatlich für jeden Studenten subventioniert. Das Stipendium wird unabhängig von den jeweiligen finanziellen Verhältnissen gezahlt. Vergleichsweise erhalten in Frankreich nur 30 Prozent der Studierenden ein Stipendium von bis zu 545 Euro monatlich für zehn Monate, das abhängig vom Einkommen ihrer Eltern ist.[14] In Deutschland erhalten einige Studenten bis zu 670 Euro (eine Hälfte als Stipendium, die andere ist jedoch ein nullprozentiges Darlehen).[15] Finnland, Schweden, Norwegen, Irland und Tschechien bieten ebenfalls eine kostenlose Universitätsausbildung. In vielen anderen Ländern müssen Studierende allerdings für ihre universitäre Ausbildung zahlen. In Spanien, Italien, Österreich, Schweiz, Belgien, Portugal sowie auch in Frankreich liegen die Studiengebühren durchschnittlich zwischen 400 und 1.200 Euro im Jahr. An den renommierten und miteinander konkurrierenden französischen *Grandes Écoles* schnellen sie jedoch auf zigtausende Euros hoch. Im Vergleich dazu ist der Unterricht an Skandinaviens führender Einrichtung, der *Copenhagen Business School*, völlig kostenlos. In Neuseeland steigen die jährlichen Studiengebühren z.B. auf umgerechnet ca. 3.000 Euro an; in Australien, Kanada und Japan sind es sogar 4.000 Euro; in Korea 5.000 Euro.[16]

In Großbritannien (außer Schottland) verdreifachten sich die Studiengebühren zwischen 2009 und 2012 und machten einen Sprung von 3000 auf 9000 Pfund![17] Für Institutionen in den USA fallen unterschiedliche Kosten an. Man kann davon ausgehen, dass State Colleges durchschnittlich 9.139 Dollar kosten, private Colleges im Schnitt über 30.000 Dollar.[18]

In wirtschaftsstarken Staaten stellen sich junge Leute häufig die Frage, mit welchen Studienkursen oder Jobs sich später viel Geld verdienen lässt. Beispielsweise halten 19,1 Prozent der jungen Leute in Großbritannien und 31,1 Prozent in den Vereinigten Staaten es für wichtig, einen höheren materiellen Wohlstand als ihre Eltern zu erreichen. Unter den jungen Dänen denken dagegen nur 11,8 Prozent so. In Italien haben 33 Prozent der jungen Leute den Ehrgeiz, in den nächsten fünfzehn Jahren reich zu werden, in Frankreich 30 Prozent und in den Vereinigten Staaten 29 Prozent. In Dänemark ist dieses Ziel nur für 18 Prozent erstrebenswert. Junge Dänen sagen, es sei für sie wichtiger, Werte wie Toleranz, Respekt, Verantwortung, Ehrlichkeit und Unabhängigkeit an ihre Kinder weiterzugeben, als eine Erbschaft zu machen.[19]

Immer nur an den materiellen Erfolg zu denken, kann dazu verleiten, den falschen Weg zu wählen und sich von den eigenen wahren Wünschen abzuwenden. Viele Menschen finden sich am Ende in einer Karriere wieder, die keine wirkliche Bedeutung für sie hat. In Dänemark jedoch konzentrieren sich die Schulen darauf, die Schüler mit einer bestmöglichen Beratung zu versorgen, so dass sie Universitäts- oder Ausbildungskurse auswählen, die für ihr individuelles Leben am sinnvollsten sind. Höhere Bildung und Karriereberatung werden sehr genau auf den Einzelnen abgestimmt. Diese Beratung trägt sogar den Status einer öffentlichen Dienstleistung mit speziell von der Stadtverwaltung eingerichteten Zentren. Dort werden nicht nur Gruppenangebote organisiert, sondern auch die individuellen Pläne eines jeden Schülers begutachtet.[20] Auf diese Weise erhalten junge Menschen Unterstützung, realistisch über ihre Möglichkeiten zu entscheiden. Interessanterweise glauben 60 Prozent der jungen Dänen, dass sie wählen können, wie ihr Leben sich entwickeln wird. Im Vergleich dazu glauben dies nur 26 Prozent in Frankreich und 23 Prozent in Deutschland. Fast die Hälfte aller jungen Dänen denkt, dass sie völlige Freiheit und Kontrolle über ihre Zukunft haben.[21]

An dänischen Schulen werden auch ganz selbstverständlich Fächer unterrichtet, die in anderen Ländern eher seltener auf dem Lehrplan stehen, wie zum Beispiel Sexualkunde. Während dieser Stunden lernen die dänischen Schüler viel über den Geschlechtsverkehr, wie sie sich schützen und wie sie ihre Grenzen und Wünsche ausdrücken können. Sex ist in Dänemark kein Tabu-Thema. Ganz im Gegenteil, Sex gilt als eine der Freuden im Leben. In den 1970er und 1980er Jahren hatten die Skandinavier im Ausland den Ruf einer gewissen sexuellen Freizügigkeit, die in den Ländern, in denen Religion eine größere Rolle spielt, sicherlich Anstoß erregte. Doch in Dänemark glaubt man, dass ein erfülltes Sexualleben zu einem harmonischen Leben dazugehört. Und dänische Schüler werden ermutigt, offen über Sex zu sprechen und nach Belieben Fragen zu stellen.

Das dänische Bildungssystem lenkt also das Augenmerk auf die individuelle Entwicklung der Schüler, auf ihre Fähigkeiten und Begabungen, statt Höchstleistungen zu zelebrieren. So begünstigt es das Streben nach Glück. Wie schon gesagt, die Freude an der Schule und eine gute Ausbildung gehen Hand in Hand. Der neuesten PISA-Studie zufolge, die in den fünfundsechzig OECD Mitglieds- und Partnerländern das Niveau in den Hauptwissensgebieten der Fünfzehnjährigen vergleicht, zeigen Schüler, die Spaß am Lernen haben, eine um 20 Prozent bessere Leistung in der Schule als die, die ohne Freude lernen.[22]

Aber heißt das, dass die Schule in Dänemark ein Zuckerschlecken ist? Nein, natürlich nicht. Selbst wenn der allgemeine Bildungsstand insgesamt zufriedenstellend ist[23], so besteht doch zwangsläufig ein hohes Risiko, dass das Potenzial sehr oder hoch begabter Schüler nicht ausreichend gefördert wird und ihre Fähigkeiten mit der Zeit verkümmern. Um mehr dazu herauszufinden, habe ich in Aarhus meine alte Schule, die *Skaade Skole*, besucht. Dort diskutierte ich dieses Problem mit dem jungen stellvertretenden Rektor, Jesper Kousholt, der sich leidenschaftlich für seinen Job und die Entfaltung seiner Schüler engagiert. Seiner Einschätzung nach sind etwa 5 Prozent der Schüler im dänischen System unterfordert. Er räumt ein, dass die intelligentesten oft zu kurz kommen, da man glaubt, sie benötigten keine Unterstützung. Dennoch schätzt Kousholt das dänische Bildungssystem sehr. Er hält es für wichtig, sich auf die 95 Prozent der Schüler zu konzentrieren, und nicht nur auf die wenigen sehr begabten. Aber trotzdem glaubt er, dass man sich in diesem System etwas Besseres einfallen lassen sollte, um das Potenzial der übrigen fünf Prozent zu fördern.[24]

Auch die Spitzenschüler zu fördern, wäre in der Tat wünschenswert. Dänemark könnte auf diesem Gebiet noch Fortschritte machen.

Reinspringen, aber nicht ertrinken

Tal Ben-Shahar ist eine Koryphäe unter den Glücksgurus. Er unterrichtete Positive Psychologie in Harvard, wo seine Seminare zu den beliebtesten in der Universitätsgeschichte gehörten. Während seiner Lehrtätigkeit war ihm aufgefallen, dass Studenten im Allgemeinen ungern Hausaufgaben erledigten. Daraufhin stellte er zwei Lernmodelle auf, die die unterschiedliche Motivation der Studierenden veranschaulichen: das »Drowning« [Ertrinken] Modell und das »Lovemaking« [Liebesspiel] Modell.[25] »Drowning« ist eine qualvolle Methode, bei der die Studierenden am Ende vom Schmerz befreit sind und Erleichterung empfinden. Sie missverstehen das als eine Art von Glück. Wenn der Kopf unter Wasser gehalten wird, kämpft man, um nach Luft zu schnappen. Sobald er über dem Wasser ist, fühlt man sich erleichtert und sogar (flüchtig) glücklich. Ben-Shahar erläutert, dass der Schmerz-Erleichterung-Zyklus ein übergeordnetes Muster darstellt, das Schulkinder schon an der Grundschule erfahren. Das zeigt, warum die Mehrheit der jungen Menschen Schularbeiten mit Leid und kurzzeitigen Verschnaufpausen, zum Beispiel Wochenenden, assoziieren. Neuere Studien in Frankreich bestätigen, dass fast dreiviertel der Schüler ungern oder gar nicht in die Schule gehen, dass 65 Prozent immer wieder das Gefühl haben, zu versagen und dass fast 70 Prozent manchmal nicht verstehen, was man in den Stunden von ihnen verlangt.[26] Eine weitere neue Studie enthüllt, dass Highschool-Schüler in den USA die Schule mit negativen Begriffen und Gefühlen assoziieren (acht der häufigsten zehn Antworten waren negativ, hauptsächlich »müde« (39 Prozent der Befragten), »gestresst« (29 Prozent) und »gelangweilt« (26 Prozent)).[27] In einer Studie, die neun moderne Volkswirtschaften vergleicht, wird amerikanischen Schülern sogar der höchste Grad von Stress bescheinigt, weit vor Kanada (auf Platz 2), Großbritannien (auf Platz 3), Frankreich und Deutschland (beide auf Platz 4).[28]

Ben-Shahars zweites Modell, »Lovemaking«, tritt in Aktion, wenn Schüler motiviert sind, weil ihnen das Lernen Spaß bringt. Lesen, Forschen, Denken, Fragen stellen und Antworten finden sind Beschäftigungen, die Zufriedenheit und sogar Freude bringen können, wenn sie adäquat unterrichtet werden. Schüler müssten lernen, Glück im tatsächlichen Prozess der Wissensaneignung zu finden und diesen nicht als einen Leidenszustand anzusehen, dem sie unbedingt entfliehen wollen.

Auch Eltern würden Druck auf ihre Kinder ausüben, wenn sie erwarteten, dass ihr Nachwuchs jedes Mal Bestleistungen nach Hause bringt. Akademischer Erfolg sei für manche Eltern wichtiger als die Lernfreude ihres Kindes. Auch würden manche Eltern sich sträuben, wenn ihre Kinder Optionen oder Fächer aufgriffen, die nicht den elterlichen Wünschen entsprachen.

Ben-Shahar fügt hinzu, dass wir, um unsere Kinder glücklicher zu machen, sie auf einen sinn- und freudvollen Pfad führen sollten. Was auch immer ihre Ambitionen und Passionen sein sollten, es sei äußerst wichtig, sie auf die Pros und Cons ihrer Entscheidungen aufmerksam zu machen. Nachdem die Schüler ihre Optionen abgewogen haben, sollten Eltern und Lehrer sie auf ihrem eingeschlagenen Weg ermutigen. Ben-Shahars Empfehlungen zeigen in etwa, wie das dänische Bildungssystem vorgeht. Und sie haben wohl etwas mit unserem berühmten Glück zu tun.

Die Schüler, die ich im August kurz vor Beginn des neuen Schuljahrs an der *Skaade Skole* traf, bekräftigten diese Äußerungen. Sie standen gerade im Begriff, das letzte Jahr ihrer Pflichtschulzeit (neunte Klasse) anzutreten, bevor sie auf die weiterführende Schule oder in die Berufsausbildung wechselten. Der allgemeine Konsens war, dass sie die Freiheit hatten, ohne elterlichen oder gesellschaftlichen Druck ihre Zukunft wählen zu können. Ein Mädchen sagte: »Das Gute in Dänemark ist, dass man ohne Angst ein gewünschtes Ziel verfolgen kann, denn wenn man einen Fehler macht, gibt es den Staat, der einem wieder auf die Füße hilft.« Mehrere Schüler liebäugelten mit der Option, ein Jahr an einer *Efterskole* zu verbringen, um sich selbst besser kennen zu lernen und eine phantasievollere Karrierewahl zu treffen. Als die Sprache auf das Geld kam und ob es bei ihren Plänen eine Rolle spielte, waren sie alle einer Meinung: Sie wollten lieber einen Job haben, der ihnen Freude macht, als eine Menge Geld verdienen.

Aus eigener Erfahrung weiß ich, dass mir jedes Studienfach freistand und meine Eltern meine Wahl immer unterstützten. Als ich neun Jahre alt war, verkündete ich ihnen meinen Plan, dänische Botschafterin zu werden. Meine Eltern erklärten mir diesen Berufsweg genau und machten mich darauf aufmerksam, dass ich eine gewisse Zeit in weit entfernten Ländern verbringen müsse, die vielleicht nicht zu meinen Traumländern gehörten. In London oder Paris könnte ich mich dann erst später niederlassen. Nachdem ich lange und ernsthaft darüber nachgedacht hatte, gab ich mit elf Jahren bekannt, dass ich lieber in der Hotelbranche arbeiten wollte. Mein Vater arrangierte für mich ein Treffen mit der Direktorin des schönsten Hotels der Stadt und gab mir den Rat, meine Fragen vorher zu überlegen. Zusammen trafen wir die Direktorin und ich arbeitete meinen Fragenkatalog ab. Sie erklärte mir, dass die Tätigkeit im Hotel eine Art Lebensform sei, kein Job im klassischen Sinn. »In diesem Beruf muss man abends und an Wochenenden arbeiten, also muss man Leidenschaft mitbringen, um glücklich zu werden.«

Ich prüfte die Möglichkeiten, auf eine Hotelfachschule im Ausland zu gehen, aber sie waren so teuer, dass ich die Idee fallen ließ und nach einem anderen für mich geeigneten Weg suchte. Den eigenen, passenden Beruf zu finden, ist nicht einfach; um dieses Ziel zu erreichen, braucht man viel Zeit und Willensstärke. Und wenn das Bildungswesen nur aufstiegsorientierte Schüler hervorbringen würde, wäre die Aufgabe noch schwieriger.

Mit der Unterstützung meiner Eltern und ihrem Vertrauen war ich in der Lage, genau die von mir geplante Richtung zu verfolgen. Mehr als alles andere wünschten meine Eltern, dass ich glücklich würde. Meine Mutter und mein Vater haben mich immer ermuntert, mein eigenes Glück zu finden. Sie unterstützten mich in allen Entscheidungen, trotz der Ängste, die sie ihnen manchmal verursacht haben müssen.

3. FREIHEIT UND UNABHÄNGIGKEIT
Jeder kann den eigenen Weg frei wählen

Fast 70 Prozent der jungen Dänen verlassen im Alter von achtzehn Jahren ihr Zuhause, um ein eigenständiges und unabhängiges Leben zu führen. So wird elterlicher Druck fast völlig vermieden.

Ich war gerade neun Jahre alt, als ich meinen ersten Job annahm. Meine Großmutter hatte mir von einer Modelagentur erzählt, die Mädchen zum Fotografieren suchte. Nachdem ich meine Eltern um Erlaubnis gefragt hatte, ging ich mit meiner Mutter zum Agenturchef, der mir einen Vertrag anbot. Die Aussicht auf das eigene Geld begeisterte mich. Meine Karriere als Model währte jedoch nicht sehr lange. Im Alter von dreizehn Jahren (das rechtliche Mindestalter für das Arbeiten ohne Zustimmung der Eltern) beschloss ich, den Job zu wechseln. Ich fand eine Anstellung in einem kleinen Laden im Krankenhaus von Aarhus, wo ich ein mit Lesematerial gefülltes Wägelchen kreuz und quer durch die Stationsgänge schob und dabei ausrief: »Zeitungen und Zeitschriften!« Es machte mir großen Spaß, zweimal die Woche nach der Schule den Patienten Lesestoff zu verkaufen – bis die Chefin mich eines Tages beschuldigte, eine Zeitschrift vom Wagen gestohlen zu haben. Ich kündigte mit der Begründung, dass wir nicht länger zusammenarbeiten könnten, wenn sie mir nicht vertraue. Ich erinnere mich, wie stolz meine Mutter war, als ich ihr von meiner Reaktion erzählte.

Für die eigene finanzielle Unabhängigkeit sorgen
Fast alle meine Freunde hatten Abend- oder Wochenendjobs. In Dänemark jobben fast 70 Prozent der Drei-

zehn- bis Siebzehnjährigen neben der Schule; bei den über Siebzehnjährigen steigt diese Zahl sogar auf mehr als 80 Prozent. Auch wenn Vergleiche zwischen verschiedenen Staaten aufgrund unterschiedlicher statistischer Methoden schwierig sind, kann man zu Recht von einem hohen Anteil sprechen. In Irland, Österreich, Finnland und Deutschland gehen 65-70 Prozent der jungen Menschen erst viel später, während ihrer Studienzeit, einer bezahlten Nebentätigkeit nach. In Spanien (49 Prozent), Frankreich (47 Prozent), Portugal (20 Prozent) ist es weniger als die Hälfte aller jungen Leute.[1] In den Vereinigten Staaten jobben 80 Prozent der Studierenden. Viele von ihnen wollen nicht nur ihr Taschengeld aufbessern, sondern arbeiten auch, um keine Kredite für die hohen Studiengebühren aufnehmen zu müssen.[2] Zu den häufigsten Jobs der Studentinnen in Dänemark gehören Babysitten, Putzen oder Verkaufstätigkeiten in Bäckereien und Zeitungskiosken, während die männlichen Studenten Zeitungen austragen oder in Supermärkten Pfandflaschen sortieren (in Dänemark ist jede leere Flasche eine Krone wert, ein echter Anreiz, sie zurückzubringen).

Laut einer Studie, die das *Danish Centre for Youth Research* durchführte, arbeiten junge Leute vor allem, weil sie dann in der Lage sind, selbst für ihre Aktivitäten zu zahlen.[3] Das selbstverdiente Geld ermöglicht ihnen eine größere Unabhängigkeit. Die Studie bestätigt ebenfalls, dass junge Leute aus reicheren Familien genauso arbeiten wie die, die aus nicht so gut gestellten kommen. Der Verdienst der Eltern ist unerheblich – junge Dänen wünschen sich einfach eine gewisse Unabhängigkeit.

Aber nicht nur jungen Leuten steht der Sinn nach Autonomie; er ist tief verwurzelt in der dänischen Psyche. Wie sehr wir unsere Unabhängigkeit zelebrieren, zeigt sich deutlich am Beispiel von *Christiania*, der autonomen

Gemeinde Kopenhagens, die 1971 als selbst-ausgerufene »Freistadt« auf einem ehemaligen Militärgelände gegründet wurde. Christiania begann als Experiment einer Handvoll Künstler und Freidenker, denen sich allmählich auch neue Einwohner anschlossen. Die Gemeinde wurde dauerhaft Teil der Hauptstadt, jedoch mit eigenen Regeln und Steuerfreiheit für die Bewohner.

Gemäß des Gründungsmanifests lautet die Philosophie des Stadtteils: »Das Ziel von Christiania ist das Erschaffen einer selbst-regierenden Gesellschaft, in der alle und jeder für sich für das Wohlergehen der gesamten Gemeinschaft verantwortlich sind.« Christiania ist ein dynamischer Ort, der Scharen von Besuchern anzieht, der aber auch Anlass zu Kontoversen gibt. Zum Beispiel wird in aller Öffentlichkeit Cannabis verkauft. 2006 kam es zum Konflikt mit der rechten Regierung, die dieses alternative System als illegal und angesichts der Tatsache, dass jeder Däne Einkommenssteuer zahlte, sogar als unfair bezeichnete. Als der Staat sich 2011 endlich mit den Bewohnern von Christiania einigte, gestattete er ihnen, ihr Land zu kaufen und sich so eine Rechtsgrundlage zum Bleiben zu verschaffen.[4] Christiania ist ein wunderbares Beispiel dafür, wie sehr die Dänen ihre Autonomie schätzen.

Mit meiner besten Freundin zusammen nahm ich im Alter von fünfzehn Jahren für zwei Abende in der Woche eine Putzstelle im Büro einer Steuerberatungsfirma an. Die Bezahlung war sehr gut, aber die Arbeit selbst war eher langweilig. Doch wir dachten uns Geschichten über die Menschen in den Büros aus. Da gab es die superordentlichen, die chaotischen, diejenigen, die Süßigkeiten allein naschten und die, die mit den anderen Kollegen im Büro teilten. Ich fand diesen Job überhaupt nicht peinlich oder entwürdigend. Es war ein Job wie jeder andere auch, genau richtig um etwas Taschengeld zu verdienen – und – mein Schlüssel zur Unabhängigkeit.

Als ich achtzehn war, begann ich zuhause einen Beitrag zur Miete zu zahlen. Ich tat es gern und hielt es für selbstverständlich, meine Mutter zu unterstützen, die nach der Scheidung von meinem Vater alleinerziehend war. Im Sommer nach meiner Abschlussprüfung zog ich dann nach Paris. In Dänemark ist es normal, dass junge Leute mit achtzehn Jahren ihr Elternhaus verlassen, um unabhängig zu sein. Einer *Eurostat Studie* zufolge hält Dänemark in dieser Hinsicht den Weltrekord: Dort ziehen die meisten jungen Leute zwischen achtzehn und vierundzwanzig Jahren aus, nur 34 Prozent wohnen noch bei den Eltern.[5] Im selben Alter sind es in Frankreich noch 62 Prozent, in England 70 Prozent und in Spanien und Italien über 80 Prozent. In den USA leben 31 Prozent der Achtzehn- bis Vierunddreißigjährigen noch bei ihren Eltern.[6] In der Gruppe der Fünfundzwanzig- bis Vierunddreißigjährigen sind 98 Prozent der Dänen bereits aus dem Nest geflüchtet.

Aber es stellt sich die wichtige Frage: Was wird aus dieser Freiheit gemacht? Wie sollte sie genutzt werden? So wunderbar es ist, das eigene Leben und Schicksal selbst in der Hand zu haben, so kann es doch auch beängstigend sein. Könnte das die hohe Selbstmordrate in den skandinavischen Ländern erklären? Nach Angaben der Weltgesundheitsorganisation begehen in Finnland 22,2 von 100.000 Männern Selbstmord, in Schweden 18,7 und in Dänemark 13,6. Die Länder mit den meisten männlichen Selbstmorden auf 100.000 Einwohner sind Guyana (70,8), Litauen (51,0), Sri Lanka (46,6), Surinam (44,5) und Korea (41,7). Bei genauer Betrachtung ist die Selbstmordrate in Dänemark niedriger als in Frankreich (19,3) und

Deutschland (14,5), aber höher als in Spanien (8,2) und Großbritannien (9,8). Unter den Ländern mit den niedrigsten Selbstmordraten sind Libyen (2,2), Irak (1,2), Kuwait (1,0) und Syrien (0,7)[7], aber das Leben dort ist schwierig und die persönliche Freiheit ist überaus begrenzt.

In den Vereinigten Staaten haben Wirtschaftswissenschaftler für jeden Staat eine Stichprobe von 2,3 Millionen Amerikanern ausgewertet, denen die Frage nach ihrer Lebenszufriedenheit gestellt wurde. Als man das Ergebnis mit der Selbstmordrate im selben Staat verglich, stellte sich heraus, dass Utah als glücklichster Bundesstaat an neunter Stelle bei der Selbstmordrate rangiert. Das Gleiche gilt für Hawaii: Als Nummer zwei in der Glücksplatzierung hat das Land die fünfthöchste Selbstmordrate.[8] Könnte es sein, dass Menschen, die in einer erfüllenden positiven Umgebung leben und offen ermuntert werden, den besten Weg im Leben zu suchen, sich eher selbst und nicht die Umstände verantwortlich machen, wenn Probleme auftauchen? Es ist ein komplexes Phänomen, das von vielen heiklen Themen umgeben ist, sowohl auf persönlicher als auch auf kollektiver Ebene. Es lässt daher keine einfachen Antworten zu. Trotzdem ist es wichtig, diese Fragen zu stellen und das Thema nicht unter den Teppich zu kehren.

Aktionäre in Shorts

In Dänemark wird die Unabhängigkeit der jungen Leute auch durch das Prinzip der Studentenstipendien erleichtert. Wie schon im letzten Kapitel erwähnt, gewährt der Staat den Studierenden in der Hochschulausbildung 5.500 Kronen, ca. 740 Euro im Monat, ungeachtet der finanziellen Situation ihrer Eltern. Da es außerdem keine Studiengebühren gibt, ist eine Ausbildung für alle erschwinglich.[9] Jedem jungen Menschen ist es erlaubt, sein Studienfach frei und unabhängig vom Einkommen der Eltern zu wählen.

Das scheint mir einer der Gründe für die sehr hohe soziale Mobilität in Dänemark zu sein. Der Begriff lässt zunächst unwillkürlich an Menschen aus Familien mit niedrigem Einkommen denken. Jedoch auch jungen Menschen aus wohlhabenden Familien kommt zu Gute, dass sie unter vielen Möglichkeiten frei wählen können. Weshalb sollten Kinder unterstützt werden, die sowieso schon bevorzugt aufwachsen, werden Sie fragen? Weil paradoxerweise das Einkommen ihrer Eltern ihnen nicht immer Freiheit garantiert. Ich hatte das Glück, viele Reisen machen zu können und habe dabei beobachtet, dass Eltern in privilegierten Familien dazu tendieren, ihren Kindern die Karriere vorzuschreiben. Wer für die Ausbildung seiner Sprösslinge zahlt, drängt sie eher in Karrieren, die er selbst favorisiert; oft in solche mit hohem Sozialstatus, um so das von früheren Generationen schon erreichte berufliche Erfolgs- und Einkommensniveau beizubehalten. In solchen Situationen fiel mir häufig auf, dass der Karrieredruck oft von emotionalem Druck bei der Partnerwahl, besonders bei Töchtern, begleitet wurde: Die Eltern tendierten dazu, ihnen Menschen aus der eigenen sozialen Schicht nahezubringen.

In Dänemark erlebt man so ein Szenario selten, da soziale Unterschiede weniger ausgeprägt sind. Das Entwicklungsprogramm der Vereinten Nationen hat nachgewiesen, dass Dänemark eines der egalitärsten Länder der Welt[10] ist (darauf kommen wir in einem späteren Kapitel noch zurück). Gleichberechtigung ist einer der am tiefsten verwurzelten Werte in unserem Land, so wie auch Bescheidenheit. Beide Faktoren minimieren generell den elterlichen Druck auf junge Dänen, wenn es um ihre Zukunft geht. In einem Bericht des Europarates heißt es kurz und bündig: »Die Entscheidung für eine Hochschulausbildung korreliert in Dänemark immer weniger mit dem elterlichen Hintergrund.«[11]

Mit elf Jahren hatte ich ca. 1.300 Euro mit meiner kurzen Modelkarriere verdient. Ich teilte meinen Eltern mit, dass ich beschlossen hatte, ein Konto bei der Danske Bank zu eröffnen, obwohl sie beide langjährige Kunden einer anderen Bank waren. Zu dieser Entscheidung war ich gekommen, weil der Direktor der Danske Bank oft zu Dinner-Partys ins Haus meiner Eltern kam. Mein Bruder und ich wurden immer aufgefordert, mit den Gästen, unter denen sich generell auch Klienten aus der Anwaltskanzlei meines Vaters befanden, am Tisch zu sitzen. Ich hatte diesen Mann bei mehreren Gelegenheiten beobachtet und fand, dass er ziemlich seriös aussah – die ideale Person, um auf mein Geld aufzupassen. Also brachte meine Mutter mich zur Filiale vor Ort. Mit einem Teil meines Geldes habe ich auch meine ersten Aktien gekauft, denn Aktionärin zu sein schien mir noch spannender.

Zugegeben, dieses Verhalten ist für ein Kind ziemlich ungewöhnlich, aber trotzdem zeigt es deutlich den Wunsch, junger Dänen nach Unabhängigkeit. Es ist auffällig, wie viele schon im Kindesalter ihr eigenes Konto haben. In meinem heutigen Bekanntenkreis sind die meisten Kinder Kontoinhaber.

Diese Kultur der Unabhängigkeit kann Kindern Mut und Flügel verleihen. Sie könnte auch meine lässige Aktion erklären, die mir zu meinem ersten Vorstellungsgespräch verhalf. Nach der zweijährigen Auszeit, die ich nach meinem Schulabschluss in Paris und Kopenhagen verbracht hatte, war für mich der Tag gekommen, an dem ich weiter lernen wollte. Eines Morgens, als ich durch die

Seiten des dänischen Finanzblatts *Børsen* blätterte, stieß ich auf einen Artikel über eine außergewöhnliche Frau – die wunderschöne Tochter eines dänischen Botschafters. Dem Job ihres Vaters verdankte sie es, in vielen exotischen Ländern der Welt gelebt zu haben. Der Artikel beschrieb ihre verschiedenen Karrierestufen, die zu einem eindrucksvollen Job in der Kosmetikbranche geführt hatten. Und gerade erst war sie zur Geschäftsführerin des hochwertigen dänischen Audio- und Video-Unternehmens Bang & Olufsen in Frankreich ernannt worden. Ich sagte mir: »Wow! So wie die möchte ich auch sein. Ich werde sie fragen, wie sie es geschafft hat.« Also fand ich ihre Telefonnummer heraus und rief ihre Assistentin an. Die hatte jedoch überhaupt kein Verständnis dafür, dass diese junge Dänin mit ihrem Boss sprechen musste und weigerte sich, mich mit meinem Anliegen durchzustellen. Einen Monat lang telefonierte ich jeden Tag. Dann hatte ich sie zermürbt und sie ließ mich mit ihr reden. Ich erzählte Elisabeth, ich hätte den Ehrgeiz, eine Karriere wie sie zu machen und bat sie, mir fünfzehn Minuten ihrer Zeit zu schenken. Sie empfing mich in ihrem Büro in la Plaine Saint-Denis, im Norden von Paris. Während unseres halbstündigen Treffens erzählte ich ihr, dass ich notfalls sogar unbezahlt für sie arbeiten würde, nur um von ihren Erfahrungen zu lernen. Sie schickte mich für zwei Wochen auf die Internationale Messe nach Lyon. Dort leitete ich eine Art Museumsstand mit den klassischen alten Bang & Olufsen Geräten. Es sollte ein Test sein, und wenn ich ihn bestünde, würde sie mich anstellen – und so bekam ich tatsächlich meinen ersten richtigen Job. Nach der Messe bot Elisabeth mir einen Arbeits- und Studienvertrag bei Bang & Olufsen in Paris an. Ich belegte einen Marketing- und International Businesskurs am Niels Brock Business College und pendelte drei Jahre lang zwischen Paris und Kopenhagen. Elisabeth war die perfekte Mentorin für meine berufliche Entwicklung. Was sie mir während der sechs Jahre, die ich für sie arbeitete, mitgab, verschaffte mir die Grundlage für mein berufliches Leben.

Hinter diesen Anekdoten über Taschengeld und Ausdauer liegt eine profundere Botschaft, die aufschlussreich für die dänische Kultur ist: Wenn man die Persönlichkeit eines Kindes freisetzt und ihr schon von klein auf gerecht wird, führt das im Erwachsenenleben zur Erfüllung, selbst wenn der Weg steinig ist. Dieselbe Aussage findet sich in Hans Christian Andersens berühmtem Märchen »Die kleine Meerjungfrau« wieder. Die Meerjungfrau muss die Autorität ihres Vaters anfechten, um ihrem Herzen zu folgen. Oder das Märchen vom hässlichen Entlein. Es muss akzeptieren, dass es anders als der Rest der Familie ist, um zu werden, was es wirklich ist. Darauf basiert das dänische Glück: unsere Freiheit zu werden, wer wir werden wollen.

4. CHANCENGLEICHHEIT
Jeder kann werden, was er oder sie möchte...

Das Land mit der größten sozialen Mobilität ist tatsächlich Dänemark.

Was ich jetzt sagen möchte, könnte ziemlich kontrovers sein, aber ich sage es trotzdem: Der sogenannte *American Dream* ist tatsächlich dänisch. Doch zunächst zur Frage, was ist eigentlich der American Dream? Es ist die wunderbare Idee, dass jeder seines eigenen Glückes Schmied ist, egal welche Ausgangssituation er hat. Weniger romantisch sprechen Wirtschaftswissenschaftler und Soziologen von sozialer Mobilität: die Fähigkeit einer Generation, mehr zustande zu bringen, oder wenigstens anderes als die eigene Elterngeneration. Diese soziale Mobilität ist untrennbar mit den gerade diskutierten Begriffen verbunden, mit persönlicher Freiheit und Unabhängigkeit.

Kopenhagener Nebengeschichte
Das ist also der American Dream. Nur ist es einer Studie der OECD zufolge in skandinavischen Ländern wie Dänemark sehr viel einfacher, die soziale Leiter zu erklimmen als in Frankreich, Italien, Großbritannien oder sogar – überraschenderweise - in den Vereinigten Staaten.[1] Ja, so ist es: Die soziale Mobilität ist in den Vereinigten Staaten weniger ausgeprägt, als man denkt. Laut der »Great-Gatsby«-Kurve, die die Korrelation zwischen Ungleichheit und sozialer Mobilität zwischen den Generationen darstellt[2], hinken die Vereinigten Staaten weit hinter Frankreich, Japan und natürlich Dänemark hinterher.

Was macht eine Gesellschaft mehr oder weniger mobil? Die Ergebnisse der OECD zeigen, dass in egalitäreren Gesellschaften die soziale Mobilität von einer Generation zur nächsten in der Regel größer ist. Das dänische Wohlfahrts- und Steuersystem ist tatsächlich sehr umverteilend – in anderen Worten, es versucht die Lücke zwischen den Top- und den Gering-Verdienern zu reduzieren. Auf diesen Aspekt werde ich noch zurückkommen.

Die OECD hebt auch die Rolle der Bildungspolitik zur Steigerung der sozialen Mobilität stark hervor. Ein System, das den allgemeinen Zugang zur Bildung favorisiert und das bei Bedarf finanzielle Hilfen bereithält, erhöht die Chancengleichheit erheblich. In Ländern, in denen finanzielle Unterstützung für jeden Studenten erhältlich ist – wie in Dänemark – haben Kinder aus weniger privilegierten Familien eine bessere Chance auf Zugang zu höherer Bildung. Nichtsdestotrotz bleibt soziale Mobilität eines der wichtigsten und heikelsten Themen der dänischen Regierung. Obwohl wir zu den Ländern gehören, die in dieser Hinsicht an der Spitze stehen, bleibt der sozioökonomische Hintergrund ein entscheidender Faktor, wenn es um Erfolg und Niveau der Ausbildung geht.

Ich war acht Jahre alt, als meine Eltern beschlossen, mich an einer Privatschule anzumelden. 2012 gab es in Dänemark etwa 537 Privatschulen und 1754 Staatsschulen, von denen 436 Spezialschulen waren. Die Regierung zahlt siebenundachtzig Prozent der Mittel für Privatschulen, während die Eltern einen Beitrag von ungefähr 150-200 Euro im Monat leisten.[3]

Die Schüler meiner Privatschule kamen vielfach aus privilegierten Familien, aber in jeder Klasse gab es zwei bis drei Schüler, die ein Stipendium erhielten, sodass die

Eltern das zusätzliche Schulgeld nicht zahlen mussten. Letztendlich hatte meine Klasse eine recht gute sozioökonomische Struktur.

Die Familiensituation meiner besten Freundin galt als schwierig. Sie bewohnte mit ihren Eltern und ihrer jüngeren Schwester eine kleine Wohnung und meine Freundin hatte es zwar nicht immer leicht, aber der unterschiedliche Familienhintergrund beeinflusste unsere Freundschaft überhaupt nicht. Als wir etwa vierzehn Jahre alt waren, verkündete der Vater meiner Freundin, dass er schwul sei und ausziehen wolle, um mit einem Mann zu leben. Das war wirklich hart für meine Freundin, nicht nur zuhause, sondern auch in der Schule, da sie Angst vor den Reaktionen der anderen Schüler hatte. Ich erinnere mich, wie unsere Lehrerin darauf achtete, dass wir uns alle Mühe gaben, sie zu unterstützen. Dann bekamen wir beide einen Platz an derselben höheren Schule im Zentrum von Aarhus. Theoretisch hatten wir also beide, unabhängig von unserem familiären Umfeld, denselben Zugang zu Bildung und dieselbe finanzielle Unterstützung. Und damit auch dieselben Chancen auf Erfolg. Aber ich sage theoretisch, denn trotz allem machte meine Freundin keinen Abschluss. Da wir keinen Kontakt mehr haben, kenne ich ihren jetzigen Wohnort nicht, bin aber überzeugt, dass sie es geschafft hat, den Weg in ein glückliches Leben zu finden. Diese Geschichte zeigt, dass auch eine Gesellschaft, die allen Mitgliedern dieselben finanziellen Chancen bietet, keine vollkommene Gleichheit versprechen kann, wenn es um Erfolg geht. Der Weg ist manchmal steiniger, wenn jemand aus einem sozial benachteiligten Milieu kommt – oder durch psychologische Probleme oder einfach nur fehlende Unterstützung, Information oder Chancen davon abgehalten wird, das Bildungssystem bestmöglich zu durchlaufen.

Sagten Sie Millionen?

Aber lassen Sie uns zum American Dream zurückkehren. Wenn es in diesem Traum nur darum gehen soll, Millionär zu werden, dann müssen wir uns woanders umschauen: Dänemark ist nicht der beste Ort, um Reichtümer anzuhäufen. Dafür gibt es einige Gründe: ein Steuersystem, das die Einkünfte umverteilt; ein Bildungssystem, das nicht die Klassenbesten favorisiert und der ganz einfache Grund, dass Geld in unserer Kultur nicht an erster Stelle steht. Tatsache bleibt: Nur mit einer wirklich revolutionären Idee kann man in Dänemark Millionär werden.

2011 verdienten sechzigtausend Dänen mehr als eine Million Kronen (ca. 135.000 Euro) bei einer Gesamtbevölkerung von 5,6 Millionen.[4] Zwar fand ich keine verlässlichen Angaben, wie groß der Anteil war, der aus privilegierten Familien stammte, spreche aber aus Erfahrung: Von den Dänen, die in meinem Umfeld viel Geld verdienen, kommt die überwiegende Mehrheit aus Dänemarks sehr großer Mittelschicht oder darunter. Sie alle verdienen mehr als ihre Eltern.

Für meine weitere Forschung kontaktierte ich eine der größten Anwaltskanzleien in Kopenhagen. Alle Partner verdienen dort mehr als eine Million Kronen im Jahr und gehören darum zu dem berühmten »ein Prozent«. Der Anwalt, den ich besuchte, kam aus der Arbeiterklasse und wuchs in einer jütischen Kleinstadt auf.[5] Wir trafen uns in den repräsentativen Büroräumen in einem Konferenzsaal mit Blick aufs Meer. Er war freundlich, gutgelaunt, sachlich und lässig – die perfekte Verkörperung Dänemarks einzigartiger sozialer Mobilität. »Ich glaube, ich wäre nie so weit gekommen, wenn ich in einem anderen Land geboren wäre«, sagte er und fügte hinzu: »Ich hatte alle Möglichkeiten, meine eigenen Vorstellungen zu verwirklichen, egal an welchem Punkt ich mich befand. Ich habe mein Jurastudium sogar beendet, ohne Schulden zu machen, dank unseres Stipendiensystems.« Nach seiner Einschätzung kamen etwa 20 Prozent seiner Partner in der Kanzlei aus privilegierten Familien und etwa 60 Prozent kamen aus Mittelstandsfamilien. Die restlichen 20 Prozent stammten aus wirklich schwierigen Verhältnissen und mussten härter kämpfen, um ihr sozioökonomisches Milieu hinter sich zu lassen. »Es ging mir nie darum, eine Menge Geld zu verdienen, sondern ich wollte eine Arbeit, die mir Freude macht«, fügte der Rechtsanwalt mit einem Lächeln hinzu. Er räumte jedoch ein, dass Geld ihm Freiheit gebe und er stolz und froh sei, so hohe Steuern zu zahlen. So könne er seinem Land etwas zurückgeben für all das, was er erhalten habe.

Häufig wird die Meinung vertreten, ein Jurastudium an einer Universität wäre hauptsächlich die Domäne von Studierenden aus privilegierten Verhältnissen oder denen mit einer Familientradition in juristischen Berufen. Nach Einschätzung meines Interviewpartners kommen aber nur 30 Prozent der Studierenden der Rechtswissenschaftlichen Fakultäten aus privilegierten Verhältnissen. Das heißt, dass die übrigen 70 Prozent die ganze Bandbreite der sozialen Klassen repräsentieren. Die meisten sind jedoch aus dem Mittelstand. Für sie ist soziale Mobilität natürlich immer noch leichter als für Menschen aus extrem unterprivilegierten Verhältnissen, in denen es trotz des wohletablierten und großzügigen dänischen Wohlfahrtssystems mehr Hindernisse und größere **58** Schwierigkeiten gibt.

Aber lassen Sie es mich noch einmal sagen, soziale Mobilität bedeutet nicht unbedingt, aus dem Sumpf und von ärmer zu reicher aufzusteigen. Im dänischen Verständnis bedeutet es hauptsächlich, die Chance zu haben, unabhängig und wenn nötig auch ganz anders als frühere Generationen zu handeln. So zu handeln, dass man sich selbst treu bleibt. Erinnern Sie sich an Karen Blixen, die dänische Schriftstellerin und Hauptfigur des gefeierten Films *Jenseits von Afrika*? Sie versinnbildlicht auf ihre Art den charakteristisch dänischen Glauben, dass man den eigenen Traum leben kann, selbst wenn er gefährlich ist oder missverstanden wird. Im frühen zwanzigsten Jahrhundert verließ Blixen Dänemark, um eine Farm in Kenia aufzubauen. Ihr Projekt wurde ein finanzieller Misserfolg. Sie kehrte mit weniger Geld nach Dänemark zurück als bei ihrem Aufbruch – aber sie war viel reicher in Bezug auf Lebenserfahrung, Mitmenschlichkeit und Inspiration. Eine Inspiration, die sie mit allen teilte, die ihre Bücher lasen.

Ein anderes, viel bodenständigeres Beispiel ist ein Taxifahrer, der mich vor kurzem zum Flughafen brachte, als ich nach einem Wochenende mit meiner Familie Kopenhagen verließ. Er erzählte mir seine Lebensgeschichte, wie es so mancher Taxifahrer macht. »Wissen Sie, es gab mal eine Zeit, da habe ich täglich Anzug und Schlips getragen und eine Menge Geld verdient. Aber eines Tages fragte ich mich, warum ich so rumlaufen sollte. Einfach nur aus Statusgründen und wegen materieller Vorteile?« Dann hatte er seine Arbeit gekündigt und jetzt fährt er seit zehn Jahren Taxi. »Ich liebe die Freiheit in Dänemark, ein Leben nach eigener Wahl zu führen«, fügte er hinzu. »Ich hatte alles, was notwendig war, um so weit zu kommen, wie ich wollte, 59 und jetzt habe ich mir ausgesucht, bescheidener zu leben, aber auch ruhiger.«

Das sind zwei typisch dänische Beispiele: Wo auch immer man am Anfang seines Lebens steht, alle Wege sind möglich.

5. REALISTISCHE ERWARTUNGEN UND REALISTISCHE TRÄUME

Die Dänen lieben die einfachen Dinge im Leben. Sie haben selten große Ambitionen auf materiellen Reichtum. Sie träumen selten von Größe oder davon, der oder die Beste zu sein; stattdessen nehmen sie das Leben einfach so, wie es kommt.

Seit meiner Kindheit sind mir folgende Ausdrücke vertraut: »alles in Maßen« (alt med måde), »gar nicht so schlecht« (ikke saa daarligt) und »gut genug« (godt nok). Diese Worte spiegeln eine bestimme Auffassung wider: Alles ist ok. Und selbst wenn es kein Topergebnis ist, dann ist es trotzdem noch ok. Realistische Erwartungen zu haben – einige würden sogar von niedrigen Erwartungen sprechen – entspricht der dänischen Mentalität.

König Knut der Große, ein europäischer Held?

Abgesehen von der Wikingerzeit, als Dänemark eine Vormachtstellung in Europa innehatte(unter der Herrschaft von *Knut dem Großen* im elften Jahrhundert umfasste das Königreich auch Norwegen, weite Gebiete Südschwedens und einen großen Teil Englands), waren wir nie dafür bekannt, von nationalen Ruhmestaten zu träumen. Und wir wollten auch nicht unbedingt die Größten sein und alle anderen besiegen. Zwar trifft es zu, dass Dänemark vom dreizehnten bis ins siebzehnten Jahrhundert eine Großmacht mit beträchtlichem Einfluss war - das Königreich eroberte beispielsweise die Ostseeküsten und war federführend in Skandinaviens *Kalmarer Union*. Auf diese Periode folgten jedoch vier Jahrhunderte erfolgloser Schlachten und Gebietsverluste an die Schweden und Norweger sowie im neunzehnten Jahrhundert an die Preußen und Österreicher. Sie alle reduzierten das Land auf sein jetziges moderates Ausmaß. Diese geschichtliche Größe, die dann wieder aberkannt wurde, trug sicherlich dazu bei, dass die Dänen eine realistische Einstellung gegenüber den Schwierigkeiten des Lebens entwickelten.

Wahrscheinlich fragen Sie, wo sich hier der Bezug zum Glück findet? Die Antwort ist einfach: Da wir Dänen nicht erwarten, die Besten zu sein und von anderen ausgezeichnet oder bewundert zu werden, sind wir mit dem Status quo zufrieden. Falls unsere Erwartungen dann doch mit etwas Glück oder auch Talent, über das wir nie ein Wort verlieren, übertroffen werden, so ist die Freude am Ende umso größer und wir sind glücklicher. Erwartet man von einer gegebenen Situation nicht zu viel, dann ist man am Ende freudig überrascht und darum glücklicher. Umgekehrt folgt oft die Enttäuschung, sobald man die Messlatte zu hoch legt und die Hoffnungen nicht erfüllt werden.

Viele europäische Länder, zum Beispiel Deutschland, England, Frankreich und Spanien, blicken auf eine Geschichte zurück, die von Siegen, Blütezeiten oder den Jahren des weltweiten Kolonialismus geprägt ist. Dasselbe gilt für die Vereinigten Staaten, die seit langem eine globale Supermacht sind. In solchen Kulturen lässt es sich eher von Größe träumen, sogar aus individueller Perspektive. Will man jedoch ständig der oder die Beste sein, so führt das unweigerlich zu Enttäuschungen.

Es bietet sich an, in Dänemarks Vergangenheit nach den Ursprüngen für die realistische Grundhaltung der Bevölkerung zu suchen. Hängt sie vielleicht, genau wie unser Streben nach Selbstständigkeit, mit dem Einfluss einer protestantischen Kultur zusammen? Wie in den anderen skandinavischen Ländern etablierte sich der

Protestantismus sehr früh im Königreich Dänemark. Schon in den 1520er Jahren erreichte die Reformation das Land und als König *Christian 3.* 1536 den Thron bestieg, wurde das Luthertum zur offiziellen Staatsreligion erklärt. Die Spannungen blieben jedoch bestehen und äußerten sich in Grabenkämpfen zwischen Konservativen und Reformern, bis 1849 endlich die Religionsfreiheit in der Verfassung verankert wurde. Trotzdem hinterließ die protestantische Kultur ihre Spuren in der dänischen Wesensart, und heute machen die Christen (4,5 Millionen) mit ihrer großen protestantischen Mehrheit ungefähr 80 Prozent der dänischen Gesamtbevölkerung von 5,6 Millionen aus. Der Anteil der Katholiken liegt heute bei weniger als 1 Prozent der Bevölkerung (nur ca. 40.000). Viele bedeutende geschichtliche Personen waren Protestanten. Dazu gehören der Astronom Tycho Brahe im sechzehnten Jahrhundert und berühmte Autoren wie Hans Christian Andersen, Karen Blixen und Søren Kierkegaard. Möglicherweise trägt dieses protestantische Erbe zu unserem Realitätssinn bei. Jedenfalls vertritt der berühmte deutsche Soziologe und Nationalökonom Max Weber diese Meinung in seinem Buch *Die Protestantische Ethik und der Geist des Kapitalismus.*[1] Weber zufolge führte der Protestantismus zu bestimmten Verhaltensweisen wie Disziplin und Genügsamkeit. Das wiederum weckte die Bereitschaft, mit wenig zufrieden zu sein, nicht zu viel Geld auszugeben und hart zu arbeiten. Max Webers These wurde ausführlich diskutiert und wirft interessante Fragen zum Ursprung des dänischen Realismus auf.

Die Füße in den Wolken
Im Juni 1992 strömten Hunderttausende von Dänen auf die Straßen. Eine Euphorie hatte das Land gepackt:

Dänemarks Fußballmannschaft hatte gerade die Europameisterschaft gewonnen. Das dänische Team war anfangs nicht einmal qualifiziert gewesen. Es wurde in letzter Minute aufgestellt, um den jugoslawischen Kader zu ersetzen, den man wegen des Balkankonfliktes nicht zugelassen hatte. Tausende von Dänen waren mit rotweißer Gesichtsbemalung nach Schweden gereist, um ihr Team zu unterstützen, während der Rest der Bevölkerung gebannt vor dem Fernseher saß. Wenn die Nationalhymne gespielt wurde, konnte man auf den Straßen hören, wie das ganze Königreich »*Det er et yndigt land*« sang. Wie hatte unser kleines Land es geschafft, die besten Teams der Meisterschaft, nämlich Deutschland, Frankreich und die Niederlande zu schlagen?

Dieser unverhoffte Sieg warf einen Blick auf die Erwartungen der unerschütterlichen Dänen (niemand hatte gewagt, an einen Sieg auch nur zu denken!). Auch ihre für die dänische Lebenseinstellung wesentliche Bescheidenheit wurde dabei deutlich, aber darauf komme ich in einem späteren Kapitel zurück.

Der Fußballtriumph könnte sogar der glücklichste Moment in der Geschichte Dänemarks seit Ende des zweiten Weltkriegs gewesen sein. Mehr noch, einige Experten, die über das dänische Glück forschen, fragen sich sogar, ob dieser für die Dänen so seltene Titel heutzutage immer noch eine Wirkung ausstrahlt.

2016 erstellte die OECD einen *Better Life Index*, um die Lebenszufriedenheit zu bewerten - und ja, Dänemark steht an erster Stelle (zusammen mit Island und der Schweiz) mit einer Zufriedenheit von 7,5/10 (der durchschnittliche Grad ist 6,6). Schon 2006[2] stellte ein Artikel im *British Medical Journal* fest, dass die Dänen das glücklichste Volk in Europa sind.[3] Die Autoren beriefen sich auf die *World Map of Happiness* der University of Leicester und die jährlichen Eurobarometer-Umfragen und vermeldeten, dass 66 Prozent der Dänen angegeben hatten »sehr zufrieden mit ihrem Leben zu sein«. Der Durchschnitt in anderen europäischen Ländern lag bei 50 Prozent, wobei es etliche Länder gab, in denen die Rate der »sehr zufriedenen« Bürger um die 33 Prozent schwankte. Nichts Neues, da wir schon wissen, dass Dänemark fast immer als eines der zufriedensten Länder weltweit zählt. Sehr bemerkenswert ist aber die Schlussfolgerung des Artikels – einer der Hauptgründe für die Zufriedenheit der Dänen seien ihre »niedrigen Erwartungen«.

Doch das ist noch nicht alles: Der Artikel bietet auch eine an den Fußball anknüpfende Erklärung für das dänische Glück. Nach einem Rückblick auf Dänemarks lange Serie erfolgloser Kriege, von der Niederlage in England 1066 bis zum Verlust Schwedens, Norwegens, Dänisch Westindiens, Islands und der Herzogtümer Schleswig, Holstein und Lauenburg, endet der Artikel mit der Aussage, dass die Dänen, abgesehen vom Europameister-Titel 1992, jahrhundertelang keine Siege feiern konnten. Die Auswirkungen dieses einen Triumphs könnten darum erklären, warum das Land auch jetzt noch so glücklich sei. Das Fazit ist überzeugend. Da aber Studien vor 1992 uns schon als das glücklichste Land definiert haben, etwas schwer zu verteidigen.

Aber lassen wir den Fußball beiseite und konzentrieren uns auf den Haupttenor des Artikels im *British Medical Journal*: Ja, weniger erwarten, macht glücklicher. Aber wohlgemerkt: Ein Realist zu sein bedeutet nicht, ohne Träume oder Ideale zu leben. Tal Ben-Shahar, Harvard-Professor für Positive Psychologie, dessen Arbeit anfangs bereits erwähnt wurde, hat eine schöne Erklärung dafür. Ihm zufolge macht es keinen Sinn, Realismus

(Füße fest auf dem Boden) mit Idealismus (Kopf in den Wolken) zu kontrastieren. Wenn man Idealist sei, so sei man im tiefsten Sinn ein Realist – was bedeute, unserer wirklichen Natur treu zu bleiben, weil wir so beschaffen seien, dass wir wirklich einen Sinn im Leben brauchen. Ohne ein letztes Ziel, einen Stern, dem wir folgen oder einen Berg, den wir ersteigen, können wir unser Glückspotenzial nicht realisieren. Das bedeutet nicht, dass Glück das Erreichen des Gipfels ist: Realistisch sein verlangt die Fähigkeit, den Aufstieg zu genießen, während man die Hindernisse am Wegesrand zur Kenntnis nimmt und akzeptiert.

Dieser »realistische Idealismus« hat mir angesichts schwieriger Herausforderungen oft geholfen. Schon als Kind träumte ich davon, in Paris zu leben, der Hauptstadt der Kultur, Gastronomie, Philosophie und des Savoir-vivre. Aber als ich mit achtzehn Jahren in der Lichterstadt eintraf, allein, nur mit meinem Grundwissen Französisch und der dänischen Kirche als Referenzpunkt, war das Leben zunächst gar nicht so wundervoll, wie ich es mir vorgestellt hatte. Aber mein Idealismus verließ mich nicht. Ich *wollte* Paris lieben und ich wollte, dass Paris auch mich liebte. Aber nur mein Realismus ließ mich die langen Monate ertragen, in denen ich weinend in der Metro saß und weder Leute noch Kultur des neuen Landes verstand. Tief im Innern wusste ich, dass ich jung war und nicht viel Lebenserfahrung hatte – ich würde für mein Glück in Paris kämpfen müssen.

Ich war Au Pair in einer Familie mit zwei kleinen Mädchen und bewohnte eine knapp zehn Quadratmeter große Mädchenkammer im achten Stockwerk eines Gebäudes ohne Fahrstuhl. Ich arbeitete von morgens acht Uhr bis abends acht Uhr. Mein bequemes Leben in Dänemark war weit weg. Nachdem ich vier Monate lang viele Tränen vergossen hatte, machte meine Mutter sich auf den weiten Weg nach Paris, um mich nach Hause zu holen. Sie sagte zu mir: »Liebling, du hast auf bewundernswerte Weise bewiesen, dass du stark und mutig bist, aber es bringt nichts so unglücklich zu sein.« Ich antwortete ihr: »Ich wusste, dass es hart werden würde, aber jetzt folge ich meinem Traum. Ich entscheide, ob ich Paris verlasse oder nicht, wenn ich hier glücklich bin.« Sie setzte sich ins Auto und ließ ihre »realistisch idealistische« Tochter zurück, damit sie sich ihr eigenes Leben gestaltete.

Die Psychotherapeutin Sylvie Tenenbaum schreibt in ihrem Buch *C'est encore loin le bonheur? (Wie weit ist das Glück entfernt?)*, dass es dringend notwendig sei, sich endgültig von Kindheit und Jugend, Illusionen und unmöglichen Träumen zu distanzieren. Man behindere sonst nur die Entwicklung seiner Persönlichkeit, das Ausschöpfen all seiner Fähigkeiten, die ruhten ...[4]

Eine kluge Jugendfreundin sagte eines Tages zu mir: »Was auch passiert, das Leben wird immer eine Herausforderung sein, aber hin und wieder wollen wir doch beeinflussen, was für eine Herausforderung es ist!«

6. SOLIDARITÄT UND RESPEKT
Mir geht es gut, wenn es dir gutgeht

Die große Mehrheit der Dänen begrüßt hohe Steuern und engagiert sich für den Wohlfahrtsstaat. Teilen macht die Dänen glücklich, vorausgesetzt jeder leistet einen Beitrag.

Der Legende nach ritt König Christian 10. von Dänemark mitten im zweiten Weltkrieg durch die Straßen von Kopenhagen und trug einen Davidsstern als Zeichen der Solidarität mit den Juden.

Fotos oder Quellen, die diese heroische Tat bestätigen könnten, gibt es nicht. Außerdem wurden die dänischen Juden nie gezwungen, den Davidsstern zu tragen. Offenbar entstand die Legende aufgrund eines 1942 in London veröffentlichten Telegramms: »Als der dänische König erfuhr, dass die Deutschen [die Juden] zwingen wollten, den gelben Davidsstern zu tragen, verkündete er: ›Wenn das passiert, werde ich mir den auch an meine Uniform heften und meinem Gefolge befehlen das Gleiche zu tun.‹«

Obwohl die Geschichte apokryph ist, zeigt sie trotzdem etwas Wichtiges: Solidarität ist ein typisches Merkmal unserer Mentalität und Kultur. Sie gilt nicht nur unter uns Dänen, sondern auch in Relation zur Außenwelt. Auch wenn der König vielleicht keinen Davidsstern trug, so taten die Dänen doch alles in ihrer Macht Stehende, um die Juden während des Krieges zu schützen. Der dänische Widerstand organisierte eine Rettungsaktion: Fischer brachten mit ihren Booten siebentausendzweihundert Juden (die Gesamtzahl der jüdischen Bevölkerungsgruppe betrug siebentausendachthundert) ins sichere, neutrale Schweden.[1] Auf der von der Gedenkstätte *Yad Vashem* angelegten Liste der Gerechten unter den Völkern, wird der dänische Widerstand als einzige Gruppe der Welt kollektiv gewürdigt. Eine Ehre, die auch mehr als fünfundzwanzigtausend einzelnen Personen für Taten erwiesen wird, die Mut, Großherzigkeit und Menschlichkeit erforderten.[2]

Steuermüdigkeit?

Die große Mehrheit der Dänen befürwortet das dänische Steuersystem. Es ist der Beweis für die nationale Solidarität. 2012 bestätigt eine Studie, an der mehr als zweitausend Dänen teilnahmen, das Engagement der Bevölkerung für den Wohlfahrtsstaat und ihre Bereitschaft, diesen durch Steuern zu finanzieren.[3] Sieben von zehn Dänen waren mit dem Verhältnis zwischen gezahlten Steuern und den vom Staat bereit gestellten Dienstleistungen zufrieden. Bei den Menschen mit den geringsten Einkommen von weniger als 200.000 Kronen im Jahr waren es mehr als 80 Prozent. Bei dem etwa einen Prozent der Bevölkerung mit einem Einkommen von mehr als einer Million Kronen im Jahr, sind es immer noch 40 Prozent.[4]

In Dänemark ist das Verhältnis der Steuereinnahmen zum Bruttoinlandsprodukt mit 50,9 Prozent das höchste der Welt. Der Durchschnitt der OECD-Länder liegt bei 34,4 Prozent.[5] Großbritannien liegt mit 33,1 Prozent etwas unter dem Durchschnitt, während die Vereinigten Staaten mit 26,4 Prozent am unteren Ende liegen.

Der dänische Höchststeuersatz von 56,2 Prozent ist ebenfalls einer der höchsten in Europa. Er wird bei Einkommen von mehr als 467.400 Kronen, also rund 63.000 Euro im Jahr angewandt. Das durchschnittliche dänische Einkommen beträgt dagegen 294.000 Kronen, knapp 40.000 Euro im Jahr.[6] Der dänischen Steuerbehörde zufolge zahlen 14 Prozent der Bevölkerung den Höchststeuersatz. Aber trotz der hohen Besteuerung leidet in Dänemark niemand an Steuermüdigkeit. Nur 20 Prozent der Dänen sind der Meinung, dass sie zu viele Steuern zahlen, verglichen mit 66 Prozent, die den Steuersatz fair finden, und 12 Prozent, die der Meinung sind, dass sie nicht genug zahlen![7] Das zeigt, wie sehr man der Regierung vertraut, dass sie diesen Steuerertrag nutzbringend anwendet: für den öffentlichen Dienst, Bildung, Gesundheit und die Verkehrsinfrastruktur. Einundsechzig Prozent der Dänen behaupten sogar, dass es sie gar nicht interessiert, ob ihre Steuern gesenkt würden.

Meine französische Bankerin rief mich eines Tages an. »Madame Rydahl, ich muss Sie dringend sprechen!«

Ich war ganz überrascht, denn ich hatte immer ein gutes Verhältnis zu meiner Bank und kann auch gut mit Geld umgehen. Ich fragte sie, ob es ein Problem gebe?

Sie antwortete mit sehr ernster Stimme: »Mir ist aufgefallen, dass Sie zu viele Steuern zahlen. Ich würde Ihnen gern einige Vorschläge machen, wie Sie Ihre Steuerlast erheblich senken könnten.«

»Wirklich?«, fragte ich überrascht. »Aber meine Steuererklärung ist ziemlich unkompliziert, ich glaube also nicht … «

»Ganz im Gegenteil, Madame Rydahl«, fuhr sie fort. »Sehen Sie mal, wenn Sie Eigentum an einem Offshore-Finanzplatz kaufen und …«

Ich unterbrach sie. »Das ist sehr nett von Ihnen, aber wissen Sie, ich lebe gern hier in Frankreich und freue mich, wenn ich mit meinen Steuern zum Sozialversicherungssystem beitragen kann – auch wenn sie hoch sind!«

Das raubte ihr für einen Moment die Sprache, dann schöpfte sie neue Kraft. »Sie haben wirklich Humor, Madame Rydahl! Die Leute haben sich schon oft einen Witz mit mir erlaubt, aber noch nie so einen guten!«

Diese Anekdote zeigt, dass meine Einstellung keineswegs vom restlichen Europa oder der Welt geteilt wird – weit gefehlt. Fast dreiviertel der Franzosen (72 Prozent) halten ihre Steuerlast für zu hoch. Vierundsiebzig Prozent glauben außerdem, dass sie mehr zum System beitragen, als sie herausbekommen. Achtundachtzig Prozent der Franzosen sind sogar der Meinung, dass das Steueraufkommen von der Regierung schlecht genutzt wird. Und fast die Hälfte der Bevölkerung (45 Prozent) billigt, dass Menschen ins Ausland ziehen, um ihre Steuerlast zu senken.[8] In Spanien denken neun von zehn Menschen, dass die Steuern nicht korrekt eingezogen werden. Von denen sind fast 67 Prozent überzeugt, dass der Staat weniger zurückgibt, als sie an Steuern und Abgaben zahlen. 70 Prozent haben das Gefühl, dass die Bürger insgesamt wenig erhalten oder jedenfalls weniger als sie an Steuern zahlen.[9] Auch in den Vereinigten Staaten ist die Besteuerung ein kontroverses Thema. Das US-Steuersystem ist geradezu einzigartig, denn es basiert auf der Staatsbürgerschaft statt auf dem Wohnsitzland. Es ist also egal, wo die Amerikaner leben und ihr Geld verdienen. Ihre Steuererklärung müssen sie immer bei der amerikanischen Bundessteuerbehörde einreichen. Wenn die Steuerlast in ihrem Wohnsitz-Staat niedriger als ihre US-Steuer ist, müssen sie die Differenz an die Bundessteuerbehörde zahlen.[10] Jüngste Änderungen in der US-Steuerpolitik haben zu einer Erhöhung der Steuerlast geführt und die Macht der Bundessteuerbehörde gestärkt. Diese kann jetzt Einzelpersonen und Konzerne nachverfolgen, so dass im Ausland lebende US-Bürger keine Chance auf Steuervermeidung haben. Das hat zur Folge, dass immer mehr Amerikaner auf ihre Staatsbürgerschaft verzichten. Aus den Statistiken des *Federal Register* geht hervor, dass 4279 Amerikaner ihre Staatsbürgerschaft im Jahr 2015 ablegten, während es 2011 »nur« 1781 waren.[11] In Anbetracht der Tatsache, dass fünf Millionen Amerikaner im Ausland leben, mag diese Zahl zunächst unbedeutend erscheinen, jedoch ist sie vierzehn Mal höher als 2006 (nur 300). Dieser Trend nimmt rasant zu.

Einige Wochen nach dem Gespräch mit meiner Bank-Filialleiterin war ich bei einer Freundin zum Abendessen eingeladen. Ihr Ehemann, ein erfolgreicher Geschäftsmann, bekannte während des Essens: »Also, ich habe nie auch nur einen Centime an Steuern in Frankreich gezahlt. Ganz ehrlich, dazu steh ich auch, da die Politiker zu nichts zu gebrauchen sind.«

Ich wollte bei Tisch keine heftige Debatte auslösen und sagte nur: »Aber du hast jahrelang viel Geld verdient – ich hatte keine Ahnung, dass es überhaupt möglich ist, nichts zu zahlen.«

»Oh doch«, sagte er stolz, »es gibt immer Wege, wenn man wirklich nicht zahlen will. Wenn das Geld auf diese Art ausgegeben wird, will ich auch nichts damit zu tun haben.«

Seine Logik faszinierte mich. »Ok, ganz klar, dass man über Steuersatz und Politik streiten kann, aber hast du nicht das Gefühl, dass es deine Pflicht ist, wenigstens ein bisschen für das Gemeinwohl zu zahlen? Schließlich profitierst du ja auch von Infrastruktur, Krankenhäusern, Polizei, Rechtssystem – das ist doch einen kleinen Beitrag wert, oder?«

Er guckte etwas verlegen und wechselte das Thema.

»Etwas ganz anderes: Ich habe neulich die Ausstellung gesehen, die die Stadtverwaltung organisiert hat. Sie war großartig und das bei freiem Eintritt!«

Solidarität und Fair Play

Eines sollte klar sein: Die Dänen teilen sehr gern, sofern jeder seinen Beitrag leistet und nicht versucht, auf Kosten anderer zu leben oder zu betrügen.

Zurück ins Jahr 2011: In Dänemark lief der Wahlkampf auf vollen Touren. Die Parteisprecherin der linksgerichteten *Sozialistischen Volkspartei* (SF), Özlem Cekic, wollte aufzeigen, dass Armut auch in Dänemark existiert. Sie befasste sich mit der Situation der arbeitslosen Carina. Die alleinerziehende Mutter hatte behauptet, sie habe Probleme, über die Runden zu kommen. Bei genauerer Betrachtung stellte sich jedoch heraus, dass Carina 16.000 Kronen netto (gut 2.100 Euro) im Monat an Sozialleistungen erhielt. Nach Zahlung aller Kosten, inklusive Zigaretten, standen ihr immer noch 5.000 Kronen (ca. 670 Euro) zur freien Verfügung. Der Fall löste einen Skandal aus. Die »arme Carina« erhielt mehr Geld durch Sozialleistungen als arbeitende Menschen! Die Medien hatten ihren großen Tag, und die Dänen waren empört. Sie zahlten gerne hohe Steuern und unterstützten ein auf sozialen Zusammenhang ausgelegtes System, aber sie wollten nicht wie Idioten dastehen. Eine nach dieser Episode durchgeführte Umfrage zeigte jedoch, dass der »Carina Effekt« begrenzt war.[12] Es gab nur einen kleinen Anstieg in der Zahl derjenigen, die die Sozialleistungen für zu hoch hielten (von 24 Prozent auf 28 Prozent), während fast 60 Prozent der Dänen immer noch der Meinung waren, die Höhe der Leistung sei fair, oder reiche noch nicht aus.

Respekt gegenüber anderen zu zeigen, sofern sie aktiv zum gesellschaftlichen Wohl beitragen, ist ein Kerngedanke der letzten sozialistischen Regierung (2011-2015). Sie machte ihn zu einem Schwerpunkt ihrer Politik. Ihr Ethos: Man muss dabei unterscheiden zwischen denen, die dazu in der Lage sind, aber nicht wollen, und denen, die wollen, aber dazu nicht in der Lage sind. Eine Reform ersetzte das Arbeitslosengeld für junge Leute unter dreißig durch ein finanzielles Unterstützungsprogramm, das auf Studentenstipendien fußt. Jeder arbeitsfähige Leistungsempfänger muss außerdem seine örtliche Kommune durch gemeinnützige Arbeit unterstützen. Das bedeutet, an Aktivitäten teilzunehmen, die allen zu Gute kommen (Reinigung von Straßen, Parks und an Stränden, Altenhilfe). Einer Studie zufolge befürworteten 80 Prozent der Dänen diese Initiative.[13] Generell verschärfte die Reform auch die Bedingungen für Empfänger von Arbeitslosenunterstützung. Sie sind verpflichtet, ihre aktiven Bemühungen um eine Anstellung nachzuweisen. Jede Woche müssen sie eine gewisse Anzahl an Bewerbungen an die Website jobnet.dk schicken, so dass der Leiter des Jobcenters ihrer Suche folgen kann. Die Sozialleistungen von Arbeitslosen, die ein Interview verpassen, einen geeigneten Job ausschlagen oder sich anscheinend nicht aktiv auf die Suche begeben, werden einer erneuten Prüfung unterzogen.[14]

Die Arbeitslosenunterstützung erfordert zwar die Zahlung einer monatlichen Prämie, sie ist jedoch sehr großzügig bemessen (besonders für Gewerkschaftsmitglieder). Während der ersten vier Jahre erhalten Arbeitslose durchschnittlich ca. 73 Prozent ihres früheren Verdienstes als Arbeitslosengeld. Hierzu ein Vergleich mit anderen Ländern: In Großbritannien sind es 33 Prozent; in Spanien 65 Prozent für die ersten zwei Jahre und 25

Prozent für die zwei folgenden; in Deutschland werden bis zu zwei Jahre lang ca. 60 Prozent Arbeitslosengeld gezahlt. 67 Prozent werden in Frankreich für die ersten zwei Jahre gezahlt, dann 30 Prozent für die nächsten beiden.[15] In den Vereinigten Staaten rangiert das Arbeitslosengeld um die 40-50 Prozent des Gehalts, aber nur für einen Zeitraum von sechs Monaten. Auch wenn die Person danach keine Anstellung gefunden hat, zahlt die Regierung keine weitere Unterstützung.[16] Spitzenverdiener in Dänemark können sich jedoch nicht auf die Arbeitslosenunterstützung verlassen, denn die maximale Sozialhilfe liegt bei 16.000 Kronen, also ca. 2.150 Euro brutto im Monat, egal wie hoch das ursprüngliche Gehalt war. Aber letztendlich passt es auch nicht zur dänischen Kultur, wenn man sich auf das Arbeitslosengeld verlässt. Wie es schon der »faule Robert« gezeigt hat: Jeder muss zur Gewährleistung einer fairen und gleichen Gesellschaft beitragen.

Vor einigen Jahren durchlief ich eine Phase, in der ich alles anzweifelte und hinterfragte. Nach dem Weggang meiner Mentorin Elisabeth von Bang & Olufsen fand ich mich in einer völlig anderen Welt wieder: in der Werbebranche. Es war nicht mein Traumjob, aber die Bezahlung reichte für meine Rechnungen. Ich arbeitete als Kundenbetreuerin für ein großes Pariser Kaufhaus. Elisabeths Managerstil hatte mich sehr geprägt und diese neue Arbeit bot mir die große Chance, mich in ein völlig anderes Umfeld zu stürzen. Eine Werbeagentur, die nicht nur französisch war, sondern ausgesprochen parisisch. Am ersten Tag nahm mich einer der Direktoren beiseite und informierte mich über die Kunden, die wir am folgenden Tag treffen würden. »Äh, wie soll ich das sagen«, fing er an. »Morgen werden Sie die Firmenchefs unseres wichtigsten Agentur-Kunden treffen.«

Fröhlich lächelnd antwortete ich: »Ja, ich freue mich schon darauf!«

Etwas verlegen fuhr er fort: »Gut, könnten Sie vermeiden – nur um einen reibungslosen Ablauf zu garantieren – allzu ›rechtsufrig‹ auszusehen? Bitte, fassen Sie das jetzt nicht verkehrt auf, aber wissen Sie, die Leute vom linken Ufer fühlen sich wohler mit einem diskreten Understatement.«

Bisher hatte sich mir die Frage, auf welcher Seite der Seine ich beheimatet war, noch nie gestellt. Darum versuchte ich zu ergründen, worauf er hinauswollte. »Wenn ich Sie richtig verstehe, machen Sie sich Sorgen, dass mein Aussehen die Kunden unangenehm überraschen könnte und die Sitzung deshalb schlecht läuft?« Er antwortete nicht und ich fuhr fort: »Hören Sie, ich bin Dänin, also per definitionem weder rechts- noch linksufrig. Wenn es Sie beruhigt, kann ich mich anziehen, als ob ich von der Île Saint-Louis wäre. Sie liegt direkt in der Mitte des Flusses. Auf jeden Fall gehe ich das Risiko ein, dass mein Äußeres auf Missfallen stößt. Wenn die Dinge hier so laufen, kann ich genauso gut sofort aufhören!« Letztendlich nahm niemand Anstoß an meinem Aussehen und ich lernte in diesem Job viel über Kreativität, menschliche Beziehungen und meine eigenen Grenzen. Ich lernte auch, dass mich diese Arbeit nicht erfüllte und ich auf einem falschen Karrierepfad war.

So entschloss ich mich, einige Freunde um Rat zu bitten. »Ihr wisst ja, dass mir die Arbeit nicht besonders gut gefällt. Das ist nicht der richtige Weg für mich und ich glaube, ich muss die Richtung ändern.«

Meine Freunde antworteten unisono: »Ja, Malene, du hast recht, es ist besser einen Schnitt zu machen. Das Leben ist zu kurz.«

Ich freute mich über die Unterstützung. Dann sagte ich: »Ich finde sicherlich etwas anderes, aber es wird schwierig, solange ich noch arbeite. Leider habe ich keine Wahl, ich muss meine Miete zahlen.«

Alle sahen mich erstaunt an: »Was redest du denn da? Du musst über die Beendigung deines Vertrags verhandeln, dann melde dich arbeitslos und nimm dir Zeit zum Nachdenken.« In meinem Kopf war offensichtlich etwas ganz anderes abgelaufen: Da ich doch selbst diejenige war, die kündigen wollte, schien es mir absurd, über die Beendigung meines Vertrags zu verhandeln und die mit der Arbeit anderer finanzierte Sozialhilfe zu kassieren, während ich nur über meine Karriere »nachdachte«.

Es gibt einen Begriff, der diese Geisteshaltung von Großzügigkeit verbunden mit Verantwortlichkeit genau trifft: unser berühmtes dänisches »Flexicurity«. So ist das Arbeitslosengeld hier zwar relativ hoch, aber es ist auch an klar definierte Richtlinien gekoppelt: Die Arbeitssuchenden werden ermutigt und der Kündigungsschutz wird niedrig gehalten. Das bedeutet, dass es in Dänemark einfacher und preiswerter als in anderen europäischen Ländern ist, einen Angestellten gehen zu lassen, aber es ist auch leichter, zeitnah einen neuen Job zu finden und während der kürzeren Übergangszeit Unterstützung zu erhalten. Die OECD stellte fest, dass 2012 »nur« 28 Prozent der arbeitslosen Dänen Langzeitarbeitslose waren (länger als ein Jahr). Wir könnten es noch besser machen. Einige Länder sind uns weit voraus (8 Prozent in Norwegen und 17,5 Prozent in Schweden), beide Systeme basieren ebenfalls auf dem Flexicurity Modell. In vielen anderen Ländern ist die Quote der Langzeitarbeitslosen noch viel höher.

Über die Steuern wird in Dänemark auch eine kostenlose medizinische Versorgung für die Gesamtbevölkerung finanziert. Dieser unverzichtbare Bestandteil des Modells verleiht den Dänen zweifellos ein hohes Sicherheitsgefühl. Aber eine gute Gesundheit macht uns im Alltag nicht unbedingt glücklicher, da der Sich-gut-fühlen-Effekt schnell zur Gewöhnung führt. Deshalb heißt es oft, dass Menschen nach überstandener Krankheit das Leben noch mehr genießen – sie sehen gute Gesundheit nicht als selbstverständlich an.

Solidarität drückt sich auch durch Toleranz und Offenheit gegenüber Minoritäten aus. 1989 war Dänemark das erste Land der Welt, das gleichgeschlechtlichen Paaren das Recht auf eine »amtlich registrierte Partnerschaft« zusprach. Im Jahre 2010 erhielten Paare in einer amtlichen Partnerschaft das Recht, Kinder zu adoptieren. Die dänische protestantische Kirche erlaubt ihren Priestern ebenfalls, religiöse Zeremonien für homosexuelle Paare abzuhalten. Die breite Mehrheit der dänischen Bevölkerung begrüßt diesen Schritt: Bei einer Umfrage der *Capacent Research* für *Kristeligt Dagblad*, einer führenden christlichen Zeitung, unterstützten 63 Prozent diese Neuerungen, und nur 25 Prozent waren dagegen. 2012 wurde ein neues Gesetz verabschiedet, das die Ehe offiziell als genderneutral erklärt.

Die Einwanderungsdebatte in Dänemark ist sehr komplex. Die »neuen Dänen« (*ny dansker*) repräsentieren jetzt etwa 10 Prozent der dänischen Bevölkerung und ihre Integration bleibt ein kontroverses Thema. Die am rechten Rand angesiedelte *Dänische Volkspartei* (Dansk Folkeparti) kam in den letzten Wahlen auf 12,3 Prozent der Stimmen, doch die Dänen sind bekannt für ihre Toleranz gegenüber Minoritäten. Wie lässt sich also der Zulauf für diese politische Partei erklären? Professor Christian Bjørnskov zufolge ist die negative Sicht auf die Immigranten hauptsächlich dem Bild der Medien geschuldet, das diese von den angeblich das Sozialversicherungssystem ausnutzenden neuen Dänen entworfen haben. Es ist wahr, dass Immigranten viel häufiger in heiklen finanziellen Situationen stecken. Laut einer Umfrage, die das *Economic Council of the Labour Movement* (ECLM), ein Institut und Think Tank für dänische Wirtschaftsmaßnahmen, durchgeführt hat, ist einer von sechs neuen Dänen arbeitslos. In der restlichen Bevölkerung ist nur einer von achtzehn betroffen. Das bedeutet jedoch nicht, dass die neuen Dänen statistisch gesehen das System stärker ausnutzen. Regelmäßig befeuern rechte politische Gruppen mit Hilfe der Presse am Beispiel von negativen Fällen die Debatte. Das führt in eine bestimmte Richtung, »den Leuten lieber helfen, wo sie sind, als sie nach Dänemark kommen zu lassen«. Und die dänische Toleranz nutzt sich ab, wenn die Bevölkerung befürchtet, dass das gemeinsame nationale Projekt und der Wohlfahrtsstaat gefährdet sind. Wie wir gesehen haben, ist das Vertrauen der Dänen ineinander und in ihre Institutionen sehr hoch. Das macht Betrug und Missbrauch des Systems unerträglich, egal ob die Gesetzesübertreter neue Dänen sind oder zur restlichen Bevölkerung gehören.

Von der roten Ampel zur Wahlurne

Die Dänen sind jedoch nicht nur solidarisch, sondern fühlen sich wahrhaft verantwortlich für ein gemeinsames nationales Projekt. Doch dieses Projekt kann nur Erfolg haben, wenn die Gesellschaft die Regeln befolgt und einen gewissen Bürgersinn zeigt.

Es war mitten in der Nacht im November 1997. Ich war Studentin in Kopenhagen, hatte mich mit Freunden getroffen und war auf dem Weg nach Hause.

Draußen war es kalt und regnerisch. Ich hatte meinen Schirm vergessen und war völlig durchnässt. Obwohl keine Seele unterwegs war, blieb ich an jeder roten Ampel stehen und wartete auf Grün. An der letzten Ampel ging ein Mann an mir vorbei. Er sah mich verwundert an, als ich so nass und verfroren, aber doch geduldig wartete. »Warum überquerst du nicht einfach die Straße?«, fragte er.

Aber mein Verhalten war typisch dänisch. Kaum ein Däne überquert bei roter Ampel die Straße: Die Leute würden dieses Verhalten mit Stirnrunzeln und einer Bemerkung kommentieren, ganz zu schweigen von dem 500-Kronen-Knöllchen (ca. 67 Euro). Dasselbe passiert, wenn man Müll auf die Straße wirft. Diese Prinzipien sind so tief in unserer Kultur verankert, dass ich sogar nach neunzehn Jahren in Frankreich Probleme habe, bei Rot über die Straße zu gehen. Ich tue es trotzdem, aber jedes Mal ist es mir sehr bewusst. Meine Freunde finden es amüsant und ich verstehe warum – seit ihrer Kindheit blicken sie nach rechts und links und wenn kein Auto naht, gehen sie einfach rüber!

Und wieder einmal kommt es in Dänemark darauf an, dass der Einzelne den hohen Standard der Gesellschaft widerspiegelt. Wahrscheinlich findet sich hier der Grund für die hohe Wahlbeteiligung in Dänemark: Bei den letzten Wahlen stieg sie auf 86 Prozent an, deutlich höher als der Durchschnitt der OECD Staaten von 68 Prozent. (Es waren immerhin 81 Prozent beim zweiten Wahlgang in den französischen Präsidentschaftswahlen von 2012).[17] Von den reichsten 20 Prozent der Bevölkerung gehen in Dänemark 90 Prozent zur Wahl. Von den ärmsten 20 Prozent sind es 86 Prozent. Diese Differenz in der Wahlbeteiligung ist geringer als der Durchschnitt der OECD. Dort klafft eine Lücke von 12 Prozent zwischen den ärmsten und den reichsten Wählern.[18] Ein Beweis dafür, dass in Dänemark fast jeder seine staatsbürgerlichen Pflichten erfüllt. Glück zählt also nur, wenn es von allen geteilt wird.

7. WORK-LIFE-BALANCE
Hygge-Zeit als Lebensqualität

Familie und Freizeit sind wichtig im Leben der Dänen. Sie verlassen ihre Arbeit um 17 Uhr. Dann wollen sie Zeit mit ihren Kindern verbringen.

2010 brach ein Mediensturm über den dänischen Ministerpräsidenten Lars Løkke Rasmussen herein. Er hatte eine Sitzung mit achtzig internationalen Diplomaten aus persönlichen Gründen abgesagt. Gerüchte kursierten, er wäre zu Hause geblieben, um sich um seine Tochter zu kümmern, die sich den Fuß verstaucht hatte. Die Situation war schließlich so angespannt, dass er eine Pressekonferenz abhalten musste. Er dementierte die Geschichte mit seiner Tochter, machte aber eines deutlich: Er nehme seine Rolle als Ministerpräsident sehr ernst, aber sie sei nur eine temporäre Rolle, während er sein ganzes Leben lang Vater sein würde. Kurz danach fuhr er vor Ende des Schuljahres mit seiner Familie in die Ferien. Er wollte Zeit mit ihr verbringen, obwohl die Regeln eindeutig besagen, dass man die Unterrichtszeiten respektieren soll.

In Dänemark legen die Menschen so viel Wert auf ihre Work-Life-Balance, dass sich der Vorfall für Rasmussen letztendlich positiv auf sein Verhältnis zu den Wählern auswirkte. Den Dänen gefiel es, dass der Mann, der ihr Land führte, Prinzipien hatte und seine Familie an erster Stelle stand. Ihrem Gefühl nach war er ehrlich gewesen und seine Werte hatten die ihren widergespiegelt.

Mehr freie Zeit bedeutet glücklichere Menschen
In einer aktuellen Studie der OECD erreicht Dänemark zusammen mit Spanien die beste Work-Life-Balance aller

Mitglieder der Organisation.[1] Im Durchschnitt verbringen die Dänen 69 Prozent des Tages mit persönlichen und privaten Aktivitäten. Das macht etwas über 16 Stunden aus, während der OECD-Durchschnitt bei 15 Stunden liegt. Frankreich rangiert auf dem sechsten Platz, Großbritannien auf dem vierundzwanzigsten und die Vereinigten Staaten auf Platz zweiunddreißig, während Kanada, Polen, Mexiko und die Türkei das Schlusslicht bilden. Nur 2 Prozent der Beschäftigten arbeiten in Dänemark länger als die normale Stundenzahl, während der OECD-Durchschnitt bei 9 Prozent liegt.

Das dänische Gesellschaftssystem und die Arbeitswelt sind so strukturiert, dass sie diese Balance ermöglichen. Wie in vielen anderen europäischen Ländern haben Arbeitnehmer in Dänemark Anspruch auf fünf Wochen bezahlten Urlaub im Jahr. Wird jedoch eines ihrer Kinder krank, erhalten die Eltern zusätzliche freie Zeit: Sie können einen Tag bei ihrem Kind zu Hause bleiben, ohne dass er als Urlaubstag zählt.

Die Balance zwischen Arbeit und Freizeit zeigt sich auch in unseren flexiblen Arbeitszeiten. Einer von vier Dänen genießt es, ein maßgeschneidertes Arbeitsprogramm um seine eigene Tagesroutine herum zu organisieren. Ein beträchtlicher Teil der arbeitenden Bevölkerung (17 Prozent) verrichtet seine Arbeit sogar teilweise von zu Hause aus. So wird es einfacher, sich um die Familie zu kümmern.[2] Die dänische Firmenpolitik ist in dieser Hinsicht sehr progressiv und niemand zuckt mit der Wimper, wenn ein Elternteil um 16 Uhr die Arbeit verlässt, um ein Kind aus der Krippe abzuholen.

Alle meine engen dänischen Freundinnen haben dieses System angenommen, sodass sie für ihre Kleinen in den ersten wichtigen Lebensjahren da sein können. Sie verhandelten über flexible Arbeitszeiten, die es ihnen ermöglichten, früh nach Hause zu gehen. Eine Freundin, die seit kurzem geschieden ist, nimmt ihre Kinder sogar mit ins Büro. So kann sie ihre Arbeit in Ruhe beenden. (Obwohl ich bezweifle, dass es mit einem vierjährigen Mädchen und einem zweijährigen Jungen im Büro ruhig sein kann!) Väter sind natürlich gleichermaßen eingebunden. Sie gehen oft als erste, um ihre Kinder um 17 Uhr abzuholen.

Vielleicht denken Sie jetzt: *Okay, schön und gut, aber wie ist es mit den Leuten in verantwortungsvollen Positionen, die im Büro anwesend sein müssen?* Die dänische Vereinigung *Lederne* (dt. »Leiter«), ein nichtpolitischer Zusammenschluss von Führungskräften, führte eine Umfrage unter 1.585 seiner 100.000 Mitglieder durch.[3] Sie brachte das wenig überraschende Ergebnis, dass der Grad der persönlichen Verantwortung die Work-Life-Balance beeinflusst. Sechs von zehn Personen in Führungspositionen gaben zu, aufgrund ihrer Arbeitslast manchmal abends und an Wochenenden zu Hause zu arbeiten. Trotzdem waren drei von vier doch der Meinung, dass sie Kontrolle darüber hätten, wie ihr Arbeitstag organisiert sei. Acht von zehn gaben an, dass sie sich frei fühlten, auch tagsüber Arzt- und Zahnarzttermine zu vereinbaren. Fünfzig Prozent berichteten, dass sie sich während der Arbeitszeit sogar um persönliche Angelegenheiten kümmern könnten. Insgesamt sagten 85 Prozent der an der Umfrage beteiligten Mitglieder, sie seien zufrieden oder sogar sehr zufrieden mit ihren Arbeitsbedingungen. Über die Hälfte sagte, sie sei zufrieden mit ihrer Work-Life-Balance. Nur einer von zehn behauptete, er sei sehr unzufrieden. In dem Drittel, das nicht mit seiner Work-Life-Balance zufrieden war, wollten mehr als die Hälfte über einen Jobwechsel nachdenken, um so einen besseren Kompromiss zu finden.

Alleinerziehende Familien haben natürlich zusätzlichen Stress zu bewältigen. Es gelingt ihnen deshalb nicht immer, alle ihre Lebensbereiche ins Gleichgewicht zu bringen, obwohl Dänemark mit Blick auf die Arbeitszeiten progressiver zu sein scheint als viele andere Länder. Die *Lederne*-Studie bestätigt jedoch, dass den Dänen die Bedeutung ihrer Work-Life-Balance sehr bewusst ist. Wenn sie mit ihrem Arbeitsplatz unzufrieden sind, dann zögern sie nicht, ihn zu wechseln.

Durchs Leben radeln!

Beim Balanceakt zwischen Arbeits- und Privatzeit geht es oft um ganz praktische Aspekte. Experten stellten beispielsweise fest, dass sich die aufgewandte Zeit für den Arbeitsweg auf die allgemeine Lebenszufriedenheit auswirkt. Beim Pendeln zwischen Arbeit und Zuhause belegen die Dänen mit einer durchschnittlichen Fahrzeit von nur siebenundzwanzig Minuten pro Tag wieder eine Spitzenposition. Im Vergleich brauchen die Menschen in anderen OECD-Ländern durchschnittlich achtunddreißig Minuten.[4] Da die Dänen am liebsten Fahrrad fahren, gibt ihnen das sogar eine noch höhere Flexibilität: Sie brauchen sich keine Sorgen um Verkehr und Parkplätze zu machen. Dänen zwischen zehn und vierundachtzig Jahren radeln durchschnittlich 0.47 Mal pro Tag, das heißt, sie radeln ungefähr jeden zweiten Tag. 46 Prozent nutzen ihre Fahrräder als Haupttransportmittel für Arbeit, Schule oder Universität.[5] In Kopenhagen nutzen sogar 50 Prozent der Bevölkerung ihre Räder zu jeder Gelegenheit. Wenn ich dort mit meinen Freundinnen ausgehe, kommen alle in leichten Kleidern und mit hohen Absätzen – auf dem Fahrrad! Sogar im Dezember und bei Regen. Sie machen es nicht, um Geld zu sparen. Leute aus allen ökonomischen Schichten fahren Fahrrad. Sogar die Politiker radeln: 63 Prozent der dänischen Abgeordneten fahren mit dem Fahrrad nach Christiansborg, zum Sitz des dänischen Parlaments.[6]

Home sweet Home ...
Was machen die Dänen mit all ihrer freien Zeit?

Zwischen 17 und 18 Uhr herrscht in Dänemark Feierabendverkehr. Die Leute kommen von der Arbeit, holen ihre Kinder ab oder machen andere schöne Dinge. Familie und Freizeit sind sehr wichtig. Die ganze Familie isst abends gegen 18 Uhr ein gemeinsames warmes Abendessen. In einigen anderen Kulturen werden die Kinder zuerst versorgt oder jeder isst für sich allein.

Eines meiner dänischen Lieblingswörter ist *Hygge*. Das Konzept ist schwer zu erklären, da es in anderen Sprachen nichts Entsprechendes gibt, aber letztlich beschreibt *Hygge* immer etwas Warmes und Intimes. Es ist ein Wort, das die Dänen oft gebrauchen. Ausnahmslos im positiven Sinn. *Hygge* ist eng verbunden mit geselligen Anlässen für Familie und Freunde, beispielsweise ein gemeinsames Abendessen oder auch ein Abend beim Bier oder Wein in freundlicher, warmer Atmosphäre bei Kerzenschein. Kerzen gehören fast immer zur *Hygge*-Zeit. Der Dezember mit all seinen brennenden Kerzen, dem Glühwein und den Weihnachtsliedern hat etwas geradezu Magisches, und er ist der »*hygge*lichste« Monat in Dänemark.

Der Begriff »Hygge« ist für unsere Kultur so wichtig, dass der Sozialanthropologe Jeppe Trolle Linnet von der Syddansk Universitet (Universität Süddänemark) sich sogar auf die Erforschung dieses Phänomens spezialisiert hat. Er erläutert, dass *Hygge* etwas ist, das alle Dänen teilen. Es ist Ausdruck ihrer Zusammengehörigkeit. Linnet stellt ebenfalls fest, dass das soziale Umfeld den

Kontext beeinflussen kann. Aber wie auch immer dieser sein mag, bei *Hygge* geht es normalerweise auch ums Essen und Trinken. Linnet machte noch eine Beobachtung, die für Nicht-Dänen überraschend sein könnte: Das *Hygge*-Gefühl stellt sich bei den meisten Dänen nur schwer ein, wenn der Rahmen oder die Atmosphäre zu luxuriös ist.[7] Das passt zu den Werten, die schon besprochen wurden – nämlich eine gewisse Bescheidenheit und Zurückhaltung, wenn es um Luxus und Prahlerei geht. *Hygge* muss einfach und erschwinglich für alle sein. Noch einmal anders ausgedrückt: Wenn Sie dänische *Hygge* entstehen lassen wollen, dann streichen Sie bitte Champagner und Kaviar von der Einkaufsliste.

Ein Gefühl von Hygge schafft auch unser weltberühmtes skandinavisches Design, das dänische Architekten und Designer wie Arne Jacobsen und Verner Panton mitprägten. Die Inneneinrichtungen sind einladend, bequem und schön, aber nicht in einem luxuriösen Sinn. Es geht um eine schlichte Schönheit, bei der man sich wohlfühlt, mit natürlichen Materialien, klaren Linien und praktischem Design. Natürlich kann nicht jeder zu Hause von Designerstücken umgeben sein, aber die Idee eines schönen funktionalen Wohnbereichs, der eine freundliche Atmosphäre ausstrahlt, gehört einfach zu *Hygge* dazu.

Aber lassen Sie uns Klartext sprechen: Trotz *Hygge* und all der Zeit, die wir für uns selbst, unsere Freunde und Familie haben, ist natürlich nicht immer alles perfekt, selbst in der besten aller Welten nicht. Das Leben in Dänemark kann auch in unglückliche Situationen abgleiten, beispielsweise Alkoholmissbrauch. Dieses Thema darf nicht ignoriert werden: Alkoholmissbrauch ist eine Herausforderung für die Idee vom dänischen Glück.

Ich erinnere mich an ein Kostümfest im Alter von ungefähr sechzehn Jahren an meiner weiterführenden

Schule. Es war von Anfang an entsetzlich, da ich mich nicht verkleiden wollte. Obwohl wir unter Aufsicht der Lehrer feierten, entwickelte sich der Abend zu einer Megaparty mit sehr viel Alkohol. Ich hatte kräftig mitgefeiert, war aber Alkohol nicht gewohnt und mir war hundeübel. Am Ende der Party merkte ich, dass ich weder in der Lage war aufrecht zu stehen, geschweige denn allein nach Hause zu gehen. In diesem Moment hielt ein Taxi neben mir und der freundliche Fahrer bot an, mich – zwar nicht nach Hause - so doch ins Krankenhaus zu fahren! Das dänische Krankenhauspersonal ist es leider gewohnt, junge Leute in so einem Zustand zu erleben. Beim Gedanken, dass meine Eltern davon erfahren könnten und kommen würden, um mich abzuholen, schämte ich mich so, dass ich meine Freundinnen bat, mich aus dem Krankenhaus herauszuholen, was ihnen tatsächlich gelang. Das war keine meiner Sternstunden als Teenager in Aarhus. Aber zu meinem Glück endete die Erfahrung glimpflich – ich hatte am nächsten Tag nur furchtbare Kopfschmerzen.

In Dänemark ist es auch üblich, dass junge Leute sich zu Hause zum »Vorglühen« (opvarming) treffen. Es geht darum, so viel Alkohol wie möglich zu trinken, sodass man schon betrunken ist, bevor man in Bars oder Klubs aufschlägt. Das ist sicher keine gesunde Tradition für junge Dänen.

Natürlich trinken nicht nur junge Leute. Doch laut der *Europäischen Schülerstudie zu Alkohol und anderen Drogen* (ESPAD) haben durchschnittlich 79 Prozent der fünfzehn- bis sechzehnjährigen europäischen Teenager mindestens ein alkoholisches Getränk während der letzten zwölf Monate konsumiert. Der »regelmäßige« Alkoholkonsum unter Fünfzehn- und Sechzehnjährigen (»regelmäßig« wird als »mindestens zehn Anlässe innerhalb der letzten dreißig Tage« definiert) liegt zwischen 79 Prozent der jungen Leute in Tschechien und 17 Prozent in Island. Dänemark hält beim regelmäßigen Alkoholkonsum den zweiten Platz. 76 Prozent der dänischen Jugendlichen gaben an, innerhalb der letzten dreißig Tage Alkohol getrunken zu haben. Darauf folgen in der Studie Deutschland mit 73 Prozent, Griechenland mit 72 Prozent und Zypern mit 70 Prozent. In Frankreich sind es 67 Prozent, in Italien 63 Prozent und in Großbritannien 65 Prozent.[8] Dänemarks Teenager (zusammen mit denen der Insel Malta) führen mit 56 Prozent auch die Tabelle für das »Rauschtrinken innerhalb der letzten dreißig Tage« an (das heißt fünf oder mehr Drinks bei einer Gelegenheit). Diese Zahl liegt beträchtlich über dem ESPAD-Durchschnitt von 39 Prozent. Aus der amerikanischen HSDUH-Studie (National Survey on Drug Use and Health) von 2011 geht hervor, dass in den Vereinigten Staaten 25 Prozent der jungen Leute zwischen zwölf und zwanzig Jahren Alkohol konsumierten. Davon gaben 16 Prozent bewusstes Rauschtrinken an, obwohl der Alkoholkonsum dort erst ab einundzwanzig Jahren legal ist.[9] Einer russischen Studie zufolge konsumieren bis zu 80 Prozent der jungen Russen alkoholische Getränke.[10] Auch wenn es in anderen Ländern ähnlich aussieht, so ist doch der Alkoholkonsum unter dänischen Teenagern ein besorgniserregendes Problem. Im europäischen Vergleich bekennen in Dänemark proportional die meisten jungen Leute, dass sie zu irgendeinem Zeitpunkt ihres Lebens schon betrunken gewesen sind (85 Prozent).[11]

Die Korrelation zwischen verschiedenen Stufen des Alkoholkonsums und dem dänischen Glück lässt sich nur schwer ermitteln. Trinkt man zu viel Alkohol, so mag das bedeuten, dass man unglücklich ist. Doch das ist noch nicht alles. Alkohol gehört in Dänemark wie in anderen Ländern, Frankreich und Großbritannien eingeschlossen, zur Kultur und zur gesellschaftlichen Tradition. Wird ein angebotener Drink abgelehnt, so kommt das nicht immer gut an. In der Denkart der Dänen hat es den Beigeschmack von Unfreundlichkeit.

Aber Alkohol ist natürlich nicht einfach nur ein moralisches Thema. Das Warum und Weshalb seines Konsums ist sehr komplex und lässt sich hier nicht in wenigen Zeilen abhandeln.

Wenn man die Freiheit hat, seine Karriere mit Privatleben, Familie und Freunden in Einklang zu bringen, so ist das sicherlich für das dänische Glück sehr wichtig. Aber die alkoholischen Freuden von *Hygge* sollten manchmal eher in Maßen genossen werden.

... auf unser Heimatland

Beisammensein bezieht sich in Dänemark nicht nur auf den privaten Familien- und Freundeskreis. Es bedeutet weit mehr und umfasst die Gesellschaft als Ganzes. Das dänische Gefühl, zu »einer großen Familie« zu gehören, die gemeinsam *Hygge* schafft, spiegelt sich wider in der Liebe zu unserem Land und seinen Symbolen und Werten. Der Dannebrog, unsere Nationalflagge, ist uns Dänen sehr wichtig. Er ist nicht nur ein Sinnbild für unser Land, sondern auch für alle Feste und Feiern. Auf keinem Geburtstag darf er fehlen; eine Geburtstagskarte ist nur mit einer Flagge eine richtige Geburtstagskarte. Und zu jedem Anlass weht in den meisten dänischen Gärten der Dannebrog oben am Fahnenmast. Zu Weihnachten dekorieren wir sogar unseren Weihnachtsbaum mit kleinen Flaggen. Dann tanzen wir Dänen gern um den Baum, während wir uns an den Händen halten und Weihnachtslieder singen.

Raten Sie, welches das beliebteste dänische Weihnachtsgeschenk ist? Die Antwort verblüfft die Leute oft: Unterwäsche. Genau – Unterhosen und Socken werden in der Familie und unter Freunden sehr häufig verschenkt. Ich habe meine eigene kleine Umfrage unter dänischen Freunden durchgeführt und die Ergebnisse sprechen Bände. Meine Freunde bekannten sich offen zu Unterhosen und Socken als typische Weihnachtsgeschenke und beteuerten, sich wirklich darüber zu freuen. Eine Freundin erwähnte auch noch andere interessante Gaben, beispielsweise einen Besen, den sie ihrem Mann schenkte und einen Nasenhaarschneider, den ihre Schwiegermutter ihrem Vater verehrte. Der Nasenhaarschneider ist ein weiterer Klassiker, der jedes Jahr unter vielen dänischen Weihnachtsbäumen auftaucht (obwohl er wohl kaum ganz oben auf der Wunschliste steht). Kartoffelschäler und Knoblauchpressen gehören ebenfalls zu den Rennern.

Als ich fünfzehn wurde, machte ich mit meinem Vater Weihnachtseinkäufe. Da die dänische Tradition, miteinander praktische, aber nicht gerade inspirierende Geschenke auszutauschen, immer für große Heiterkeit gesorgt hatte, entschlossen wir uns, aufs Ganze zu gehen: Boxer-Shorts mit Rentiermuster für meinen Großvater, große Wollunterhosen für meine Tante, geruchshemmenden Fuß-Balsam für meinen Cousin, eine Riesenflasche Kölnischwasser für meinen Onkel, Mundwasser für meinen anderen Cousin – und so weiter. Wider Erwarten waren die Geschenke ein voller Erfolg. Wie mein Onkel sagte: »Großartig, der ganze Kram ist so praktisch!«

Natürlich hat jedes Land Traditionen und Feste, die Menschen verbinden. Dänemark ist in dieser Hinsicht nicht einzigartig. Aber eins ist sicher: Die Dänen haben definitiv mehr Zeit füreinander. 60 Prozent der Europäer verbringen einmal pro Woche Zeit mit Familie, Freunden und Verwandten, während es bei den Dänen 75 Prozent sind.[12]

Dieser umfassende Familiensinn zeigt sich auch in der Zuneigung zur königlichen Familie. In einem egalitären Land wie Dänemark ist das überraschend. Die Monarchen verkörpern aber die Einigkeit des Landes. Mit einer überwältigenden Mehrheit von 77 Prozent sprechen sich die Dänen für die Monarchie aus, dagegen wünschen sich nur 16 Prozent eine Republik. Die Zustimmung ist viel höher als in anderen europäischen Monarchien, wo sie durchschnittlich bei 58 Prozent liegt.[13]

Die Dänen treffen sich auch gerne in Vereinen. »Wenn man drei Dänen in denselben Raum steckt, gründen sie einen Klub« lautet eine Redensart. Das mag übertrieben sein, aber tatsächlich haben sie es geschafft, mehr als hunderttausend Ehrenamtsverbände und Organisationen aller Art zu gründen.[14] Der geschätzte Wert des Ehrenamtssektors liegt in Dänemark bei 135 Milliarden Kronen, ca. 19 Milliarden Euro im Jahr. Das sind ungefähr 10 Prozent des dänischen Bruttoinlandsprodukts. Die Dänen widmen der ehrenamtlichen Arbeit mehr Zeit als die Einwohner in jedem anderen europäischen Land.[15] Dänemark steht damit vor Finnland, Schweden, Österreich und den Niederlanden. Außerhalb Europas sind die USA eines der führenden Länder. Den Statistiken der US-Bundesregierung zufolge offeriert ein Fünftel der Bevölkerung (mehr als zweiundsechzig Millionen Amerikaner) jedes Jahr seine Hilfe und widmet dem Ehrenamt damit über acht Milliarden Dienststunden im Wert von 173 Milliarden Dollar.[16]

Ich erinnere mich noch gut, dass mein Vater in meiner Kindheit ein sehr aktives Mitglied in mehreren

Sportvereinen war. Er hatte eine Leidenschaft für alle Sportarten, spielte sogar Handball für das dänische Nationalteam. Ich glaube, er verbrachte fast 25 Prozent seiner Zeit mit ehrenamtlichen Tätigkeiten, besonders im Sportsektor. In jüngeren Jahren gehörte auch meine Mutter einer Reihe von Vereinen an. Wie mein Vater war sie mehrere Jahre lang bei den Pfadfindern gewesen und sie gründete sogar ihren eigenen Bowlingverein. Meine Eltern trafen sich das erste Mal auf einer Party, die vom Handballklub Aarhus organisiert worden war. Ohne diese Vereine könnte ich Ihnen jetzt nicht vom Glück der Dänen erzählen.

Ich selbst habe keine eindrucksvolle ehrenamtliche Arbeit geleistet, da ich mein Land schon mit achtzehn Jahren verlassen habe. Zur Weihnachtszeit ging ich jedoch einige Male als Elfe verkleidet in die Altersheime meiner Stadt und spielte Weihnachtslieder auf meiner Blockflöte. Mein Auftritt war wahrscheinlich nicht besonders eindrucksvoll, aber da viele Zuhörer eher schlecht hörten, war ich gern gesehen!

Um es kurz zu sagen: Wenn man die Möglichkeit hat, Familie und Freunden sowie Vereinen und überzeugenden Gemeinschaftsanliegen Zeit zu widmen, so ist das ein weiterer Schlüsselfaktor für das dänische Glück.

8. DAS VERHÄLTNIS ZUM GELD
Zufriedenheit mit dem, was man hat

Die Dänen haben generell ein gelassenes Verhältnis zum Geld. Reich zu sein, ist für die meisten nicht das Wichtigste.

Eines Tages saß ein Geschäftsmann in einem Dorf in Brasilien am Strand. Er sah einen Fischer an Land rudern. Sein Boot war beladen mit großen Fischen. Der Mann war beeindruckt und fragte den Fischer: »Wie lange haben Sie gebraucht, um all diese Fische zu fangen?«

»Ach, gar nicht lange«, antwortete der Fischer.

»Aber warum sind Sie dann nicht länger draußen geblieben und haben noch mehr gefangen?«, fragte er verwundert.

»Das reicht mir. Damit kann ich meine Familie ernähren«, erklärte der Fischer gelassen.

»Aber was werden Sie jetzt mit dem restlichen Tag anfangen?«, fragte der Geschäftsmann nach.

»Also«, sagte der Fischer, »ich stehe morgens früh auf und fahre dann auf See und fange Fische. Danach komme ich nach Hause und spiele mit meinen Kindern. Nachmittags halte ich gemeinsam mit meiner Frau Siesta. Abends gehe ich dann mit Freunden aus dem Dorf Einen trinken, und wir singen, tanzen und spielen die ganze Nacht Gitarre.«

Der Geschäftsmann dachte eine Weile nach und gab dem Fischer dann folgende Empfehlung:

»Ich bin Betriebswirt. Ich kann Ihnen sagen, wie Sie viel reicher werden. Sie sollten mehr Zeit auf See zubringen und so viele Fische wie möglich fangen. Wenn Sie dann genügend Geld angespart haben, kaufen Sie sich ein größeres Boot. Damit können Sie noch mehr

Fische fangen und dann weitere Boote kaufen und ein eigenes Unternehmen gründen, danach eine Fischfabrik und eine Vertriebsfirma. Wenn Sie das erreicht haben, werden Sie das Dorf schon längst verlassen haben und in Sao Paulo leben. Dort befindet sich zukünftig Ihr Hauptgeschäftssitz, von dem aus Sie die verschiedenen Zweige Ihres Unternehmens leiten.«

Der Fischer schüttelte den Kopf. »Und danach?«

Der Geschäftsmann lachte. »Danach können Sie wie ein König leben und, sobald Sie sich einen Namen gemacht haben, können Sie an die Börse gehen und sehr reich werden.«

»Und danach«, fragte der Fischer erneut.

»Danach«, fuhr der Geschäftsmann fort, »werden Sie schließlich in der Lage sein, sich zur Ruhe zu setzen und ein kleines Haus in einem Fischerdorf zu erwerben. Dort können Sie früh aufstehen und ein paar Fische fangen, dann zu Hause mit den Kindern spielen, nachmittags mit Ihrer Frau eine ausgiebige Siesta halten und abends dann mit Freunden aus dem Dorf Einen trinken und die ganze Nacht singen, tanzen und Gitarre spielen!«

Der Fischer fragte perplex: »Aber ist das nicht genau das, was ich heute schon mache?«

Kaum Geld oder glutenfrei?

Ich liebe diese Geschichte. Sie veranschaulicht die dänische Mentalität bestens: Dänen haben generell ein gelassenes Verhältnis zum Geld. Das liegt vielleicht daran, dass – wie schon zuvor beschrieben – eine großzügig dosierte *Hygge*-Zeit sie zufriedener macht als ein großes Gehalt. Es kann aber auch an der Gewissheit liegen, dass ihre Basisbedürfnisse auf jeden Fall durch den Sozialstaat abgedeckt sind. Reich zu sein ist für die meisten Dänen nicht das Wichtigste.

Als ich in meiner alten Schule in Aarhus, der *Skaade Skole*, mit Schülern der neunten Klasse (15 bis 16 Jahre alt) sprach, diskutierten wir auch über die Einstellung zum Geld. Die meisten kamen aus privilegierten Verhältnissen und ich fragte sie nach ihrer Meinung. Lediglich eine Schülerin war der Ansicht, dass es wichtig sei, viel Geld zu verdienen. Sie fügte jedoch hinzu, dass die Arbeit ihr auch unbedingt Freude machen müsse. Bei allen anderen stand übereinstimmend der Wunsch im Vordergrund, dass ihre künftige Arbeit sinnvoll sein sollte und ihnen zugleich Freude machte. Sie können jetzt natürlich einwenden, dass meine Frage schon so gestellt war, dass sich kaum jemand trauen würde, frei zu sagen: »Nein, ich will nur reich werden, auch wenn es auf Kosten meines Glücks geht.« Auch wenn es so wäre, habe ich doch bei all meinen Beobachtungen und Gesprächen mit Dänen nicht den Eindruck gewonnen, als jagten sie dem Geld hinterher. In einem Punkt betrachten sie sich jedoch tatsächlich als reich oder zumindest privilegiert: aufgrund des Wohlfahrtswesens. Und wie schon gesagt, sind ihnen andere Dinge wichtig wie beispielsweise Work-Life-Balance, Solidarität und persönliche Entfaltung.

Zweifelsohne würden die von mir befragten jungen Menschen mit dem verstorbenen britischen Philosophen und Schriftsteller Alan Watts konformgehen. Alan Watts, dessen Gedankengut von östlichen und westlichen spirituellen Lehren beeinflusst ist, hat sich intensiv mit dem Streben nach Glück befasst. Das populäre Video *What If Money Was No Object? [Was, wenn Geld keine Rolle spielt?]*[1] fasst Watts' Kernaussagen zusammen. Seine Botschaft ist eindeutig: Finde heraus, was du wirklich tun möchtest. Tue es, egal ob du dadurch reich werden kannst oder nicht, denn jeder andere Weg führt zu einem unerfüllten und armseligen Leben.

Wenn du glücklich werden willst, ist es am wichtigsten herauszufinden, wo deine Leidenschaft liegt, und mutig dieses Ziel zu verfolgen, so sein Credo.

Genauso ging es mir in meiner beruflichen Entwicklung, als ich während meiner Zeit bei der Werbeagentur eine Phase der Zweifel und des Hinterfragens durchlief. Ich wollte zurück zum Wesentlichen. Ich wollte herausfinden, wo meine Leidenschaft lag, sodass ich mir selbst treu bleiben könnte und jeden Morgen mit Freude zur Arbeit ginge. Ich stellte mir viele Fragen und erinnerte mich an meinen Kindheitstraum: die Hotelbranche. Mir war schon klar, dass es in Frankreich nicht üblich ist, den Beruf zu wechseln. So fragte ich bei einigen erstklassigen Pariser Luxushotels nach. Eines Tages lernte ich in einem Hotel am Place de la Concorde eine wirklich wundervolle Frau kennen. Ihre Persönlichkeit faszinierte mich und ich wollte unbedingt für sie arbeiten. Um meinen Traum zu verwirklichen, ging ich sogar so weit, ihr einen Gehaltsverzicht von 40 Prozent anzubieten. Obwohl wir uns bestens verstanden, lehnte sie meinen Vorschlag ab. Sie sagte: »Ich mag Sie wirklich, aber Geld spielt letzten Endes doch eine Rolle. In sechs Monaten werden Sie es mir übel nehmen, wenn Sie abends um acht Uhr noch im Büro sitzen und es regnet und Sie können sich weder Taxi noch Restaurantbesuch leisten, so wie Sie es früher konnten.« Ich war überhaupt nicht ihrer Meinung. Trotzdem wollte ich immer noch in der Hotellerie arbeiten, egal wie die Verdienstmöglichkeiten aussahen. Schließlich wurde ich im Sommer 2005 von der internationalen Boutique-Hotelkette Relais & Châteaux als Kommunikationsdirektorin eingestellt.

Hier komme ich noch einmal zurück auf die Unabhängigkeit: Das Glück der Dänen hängt in erster Linie damit zusammen, dass wir uns sehr gut darauf verstehen, auszudrücken, wer wir sind. Es ist kein Zufall, dass diese Idee das ganze Werk eines unserer berühmtesten Denker des neunzehnten Jahrhunderts durchzieht, des Philosophen, Theologen und Dichter Søren Kierkegaard. Kierkegaards Philosophie ist äußerst umfassend und komplex, enthält aber einen roten Faden: Wie werden wir Mensch und wie werden wir wir selbst? Er war der Überzeugung, dass es die Aufgabe jedes Einzelnen ist, sich selbst zu erkennen und seiner Berufung zu folgen: »Man muss zuerst sich selbst kennenlernen, ehe man etwas anderes erkennt. Erst wenn der Mensch auf die Weise *sich selbst* innerlich verstanden hat und nun seinen Gang auf seiner Bahn hin erschaut, erst dann bekommt sein Leben Ruhe und Bedeutung ...«[2] »... es gilt, eine Wahrheit zu finden, die Wahrheit *für mich* ist, *die Idee zu finden, für die ich leben und sterben will.*«[3]

So leben viele Dänen, ohne sich dessen unbedingt bewusst zu sein, nach Kierkegaards Philosophie: Sie legen mehr Wert darauf, sich den eigenen Lebensweg zu erarbeiten als ein Investmentportfolio zusammenzustellen.

Ein gutes Beispiel dafür ist mein Bruder Jesper. Er studierte internationales Marketing und Management an der Copenhagen Business School. In seinem ersten Studienjahr absolvierte er ein Praktikum bei einem führenden dänischen Webdesign-Studio, was ihm eine fantastische Karriere mit hohem Gehalt hätte bescheren können. Eine solche Arbeit war im Jahr 1999 ein Garant für Erfolg. Aber er blieb nur sechs Monate bei dieser Firma. Die Arbeit machte ihn nicht glücklich, weil er darin für sein alltägliches Leben keinen Sinn sah.

Mein Bruder ist sehr kreativ und im Grunde genommen Unternehmer. Er will seinen Tag frei gestalten können, und dann arbeiten, wenn er sich gut fühlt und optimal inspiriert ist. Damals war er 25 Jahre alt, ging gerne mit Mädchen aus und auf Partys. So kam er auf die Idee, ein soziales Netzwerk für Leute mit gleichen Interessen aufzubauen. Damit konnte er zwei Fliegen mit einer Klappe schlagen und das tun, was er gerne tat und sich den Arbeitstag selbst einteilen. Wie so oft bei Start-ups war der Anfang schwierig. Aber auch wenn er kein Geld hatte und die Zukunft manchmal düster aussah, hielt er durch. Seine Website zählte schließlich zu den zehn meist besuchten Seiten Dänemarks. Und seine Firma war viel wert und brachte eine Menge Geld ein. Als dann aber Facebook in Dänemark Fuß fasste, interessierten sich alle nur dafür, seine Website hatte keine Besucher mehr und ging innerhalb von sechs Monaten ein. Er verkaufte seine Firmenanteile für einen Euro. Was sollte er jetzt tun? Er bekam »gute Ratschläge« wie: »Prima, dass du deiner Leidenschaft gefolgt bist, aber jetzt musst du erwachsen und seriös werden«, oder »Such dir doch einen normalen Job, wie jeder andere in der Internetbranche.«

Mein Bruder tat nichts davon. Seit seiner Kindheit hatte er gesundheitliche Probleme. Er war oft krank, litt an Allergien und Asthma. So beschloss er, sich um seine Gesundheitsprobleme zu kümmern. Er konsultierte einen Ernährungsberater, der ihm zu Laktose- und Gluten-Verzicht riet. Es funktionierte und es ging ihm wesentlich besser. Sein Asthma und die Allergien verschwanden. Er las monatelang jedes greifbare Buch über Gesundheit und Ernährung und nahm überall auf der Welt an Konferenzen zu diesem Thema teil. Danach beschloss er, sich dieser neuen Leidenschaft professionell zu widmen, nämlich Menschen mit gesünderem Essen zu versorgen. Im Jahre 2009 eröffnete er sein erstes Restaurant *42 Raw* in Kopenhagen, das ein veganes Menü anbietet, ohne tierische Fette und Proteine und ohne Laktose und Gluten.

Heute besitzt Jesper drei Restaurants in Kopenhagen, an denen ich auch beteiligt bin. Er verdient zwar immer noch kein Vermögen - gerade genug für einen angenehmen Lebensstandard. Aber er ist glücklich und liebt sein Projekt. Seine Perspektiven sind gut und im Moment macht er einfach das, was er tun möchte.

Vergleiche hinken!

Werfen wir einen Blick auf die Untersuchungen, die sich mit dem Zusammenhang zwischen dem Wohlstand eines Landes und dem Glück der Einwohner befassen. Die globale *Gallup-Umfrage* zeigt einen allgemeinen Zusammenhang zwischen beidem.[4] Es liegt jedoch auch auf der Hand, dass in Ländern, in denen die Menschen sehr arm sind und selbst die Grundbedürfnisse nicht befriedigt werden können, die Lebenszufriedenheit oder das Glück schwer zu ermitteln ist.

Bei näherer Betrachtung stellen wir aber fest, dass die Beziehung zwischen Einkommen und Lebenszufriedenheit keineswegs zwangsläufig ist. So gibt es erstens in reichen Ländern nicht unbedingt eine direkte Korrelation zwischen Einkommen und Glück, obwohl bestimmte länderspezifische Rahmenbedingungen, wie Demokratie, ein funktionierendes Rechtssystem, die Abwesenheit von Krieg, persönliche Freiheit usw. zum Glück der Einwohner beitragen dürften. Und zweitens hatte das globale Wohlstandswachstum der letzten 30 Jahre keine Auswirkungen auf das Glücksempfinden verschiedener Bevölkerungen. Und betrachten wir drittens einzelne Länder, ist auch dort der Zusammenhang nicht immer feststellbar: So rangieren die Vereinigten Staaten mit einem der höchsten BIP pro Kopf (ungefähr 57.700

Dollar)[5] im UN-Glücksindex 2016 lediglich auf Platz 13 bei der allgemeinen Lebenszufriedenheit. Andererseits steht Costa Rica beim Pro-Kopf-BIP auf Platz 64 (ungefähr 10.000 Dollar), ist aber den Vereinigten Staaten mit Platz 14 im *World Happiness Report* hart auf den Fersen! Dänemark steht beim Pro-Kopf-BIP an achter Stelle, hält aber bei allgemeiner Lebenszufriedenheit und Glück den Spitzenplatz.

Letztlich lässt sich aus dem Bericht ablesen, dass Geld durchaus einen Einfluss auf das Glück hat. Das betrifft allerdings hauptsächlich Schichten mit niedrigen Einkommen. Wird beim Einkommen der Schwellenwert zur Befriedigung der Grundbedürfnisse überschritten, hat Geld keine oder lediglich geringe Auswirkungen auf die Lebenszufriedenheit.

Warum ist das so? Der Ökonom Richard Layard spricht von der Fähigkeit des Einzelnen, sich rasch an neue Situationen anzupassen.[6] So sieht er das Hauptproblem darin, dass der Mensch sich bezogen auf materielle Güter schnell an eine neue Lebenssituation gewöhnt. So wird sich beispielsweise jemand, der mehr verdienen möchte und deshalb den Job wechselt, anfangs in finanzieller Hinsicht glücklicher fühlen. Das wird aber nur ein paar Wochen anhalten. Dann hat man sich an den neuen Lebensstandard gewöhnt und es stellt sich derselbe Glückspegel wie zuvor ein. Gleiches gilt für Anschaffungen: Wir gewöhnen uns sehr schnell an ein neues Haus oder ein neues Auto und unsere anfängliche Freude normalisiert sich rasch. So haben Wissenschaftler beispielsweise herausgefunden, dass das Glücksgefühl von Lottogewinnern sich nach einer kurzen Phase der Freude, wieder auf das gewohnte Niveau einpegelt und manche sogar depressiv werden. Die bekannteste Studie dazu ist 1978 in dem *Journal of Personality and*

Social Psychology erschienen.[7] Darin wurden Lotteriege-
winner und eine Kontrollgruppe von »Nichtgewinnern«
und schwerverletzten Unfallopfern befragt. Die Lotto-
gewinner schwammen in den Monaten nach Erhalt der
guten Nachricht auf einer Woge des Glücks. Danach
pendelte sich ihr Glücksgefühl auf den vorherigen Zustand ein. Vereinfacht gesagt, zeigte die Studie, dass die
Gewinner, die »Nichtgewinner« und die Unfallopfer sich
nach ein paar Monaten fast auf dem gleichen Glücksniveau befanden oder, anders ausgedrückt, die gleiche
Lebenszufriedenheit hatten.

Um sich der Beziehung zwischen Geld und Glück zu
nähern, bedient sich Richard Layard einer Theorie, die
er als »relatives Einkommen« bezeichnet. Das Prinzip
hinter dem relativen Einkommen ist simpel: Reich ist
jeder, der mehr verdient als die Nachbarn. Für die meisten Menschen ist daher nicht das absolute Einkommen
wichtig, sondern das Einkommen in Relation zu anderen. Layard verweist dazu auf eine Umfrage, in der den
Befragten folgende Situationen vorgelegt wurden: erstens, Sie verdienen 50.000 und andere Leute 25.000 Dollar. Zweitens, Sie verdienen 100.000 und andere Leute
250.000 Dollar. Bei der Befragung von Harvard-Studen-
ten bevorzugte die große Mehrheit die erste Situation[8].

Letzten Endes wird unser Glück hauptsächlich durch
den Wettbewerb mit anderen bedroht. Banker mit astro-
nomischen Boni sind unglücklich, wenn sie wissen, dass
andere im Finanzsektor mehr bekommen haben. Auch
hier verstellt das relative Einkommen wieder den Blick
auf die Realität und macht unzufrieden.

Auch ohne Doktortitel in Wirtschaftswissenschaf-
ten weiß man, dass Vergleiche direkt in die Frustration
führen. Es sei denn, Sie sind schlau genug, sich mit
Menschen zu vergleichen, die weniger haben als Sie.

Dann kann es sich positiv auswirken und Sie können sich glücklicher fühlen. Jedoch vergleichen sich die meisten leider mit reicheren Menschen. Sobald sie dann den angestrebten Wohlstand erreicht haben, vergleichen sie sich mit Menschen, die noch mehr haben. Es ist ein Teufelskreis, der schwer zu durchbrechen ist. Aber seien wir ehrlich: Natürlich ist es großartig, Geld zu haben. Bei sonst gleichen Bedingungen hat man damit mehr Freiheiten. Die meisten Menschen aber glauben fälschlicherweise, dass Geld sie glücklicher macht. Die Vorstellung, dass wir unglücklich sind, weil es uns an Geld mangelt, mag uns vielleicht für eine Weile trösten und die wahren Gründe für unsere Unzufriedenheit verdecken. Wenn das Geld dann aber fließt und wir immer noch nicht glücklicher sind, funktioniert diese Ausrede für unsere Unzufriedenheit nicht mehr und wir bekommen Panik. Dann müssen wir uns fragen: »Ich bin reich und kann mir alles kaufen, was ich möchte, aber ich bin nicht glücklich. Also, wo liegt mein Problem?«

In einer Schreibpause traf ich mich mit einem Freund zum Mittagessen. Er war führender Mitarbeiter eines großen französischen Unternehmens. Mein Freund ist attraktiv, liebenswert und reich. Er ist zwar kein Franzose, aber er lebt in Paris. Als wir uns trafen, hatte er gerade ein prächtiges Appartement in einer der angesagten Straßen im achten Arrondissement erstanden. Er reist viel in der Welt herum und hat einen zweiten Wohnsitz in Südfrankreich. Immer wenn ich ihn treffe, denke ich: *Der Mann hat ein tolles Leben, er hat so viel Glück!* Ich eröffnete unser Gespräch ganz profan: »Na, wie geht's dir?«

Auf meine Frage antwortete er mit einem 65 Minuten langen Lamento (ja, ich habe auf die Uhr geschaut) über die Steuern: »Also, du glaubst nicht, was für ein

Albtraum das ist, mit all den Steuern, die ich bezahlen muss ...«

Ich versuchte, ihn aufzumuntern. »Aber du zahlst doch hohe Steuern, weil du viel verdienst und das heißt, dass du frei bist, zu tun, was du willst und das Leben genießen kannst!«

»Ja, aber ich habe keine Zeit«, antwortete er.

Ich versuchte es noch einmal: »Du hast doch dieses schöne Haus im Süden. Warst du in letzter Zeit mal da?«

»Frag mich nicht«, antwortete er verärgert. »Du kannst dir nicht vorstellen, wie viel mich der Unterhalt kostet und wie hoch die Steuern sind! Außerdem will jeder runterkommen und mich besuchen und ich muss mich dann um die Gäste kümmern!«

Ich beschloss, das Thema zu wechseln. »Und jetzt nach deiner Beförderung? Macht dir die Arbeit Spaß?«

Er sah so unglücklich aus, dass ich für einen Moment dachte, er würde es an dem armen Lachs auf seinem Teller auslassen! »Es ist die reinste Hölle - ich bin von Idioten umgeben und weiß noch nicht einmal, ob ich meinen Bonus auch bekomme. Dafür arbeiten wir doch letztendlich.« Nach dem Mittagessen verabschiedete er sich mit den Worten: »Stell dir vor, du wärest reich und müsstest dich um all diese Probleme nicht kümmern!«

Meiner Meinung nach kann man mit Bestimmtheit sagen, dass man sich Glück nicht mit Geld erkaufen kann.

9. BESCHEIDENHEIT
Wir sind alle gleich

....

*Diese Philosophie sorgt unter den Dänen für eine liebens-
werte Zurückhaltung. Ihnen ist teilnehmen wichtiger als gewinnen.*

Im Jahre 2010 wurde das Noma in Kopenhagen zum
besten Restaurant der Welt gewählt.[1] Die Verleihungs-
zeremonie für diese angesehene Auszeichnung fand in
London statt. Der Chefkoch und Mitbesitzer des Noma,
René Redzepi, wollte das ganze Team einschließlich des
Tellerwäschers Ali Sonko mitnehmen. Der aus Gambia
stammende Sonko merkte zu spät, dass er für die Einreise
in das Vereinigte Königreich ein Visum benötigte, und
konnte nicht mitfahren. Das Noma Team bedauerte, dass
er nicht teilnehmen konnte, und als sie in London auf die
Bühne gingen, trugen alle ein T-Shirt mit Ali Sonkos Foto.

Redzepi bleibt bescheiden und ist davon überzeugt,
dass die Arbeit jedes Einzelnen im Team zu seinem Erfolg beigetragen hat. Das ist Teil seiner Philosophie.
Er besteht sogar darauf, dass jeder Koch das von ihm
zubereitete Gericht selbst dem Gast serviert. Natürlich
haben alle auch jedes Gericht auf der Speisekarte selbst
gekostet. Auf die Atmosphäre im Speiseraum des Per-
sonals wird genau so viel Wert gelegt wie im eigentli-
chen Restaurant. Auch für die Personalmahlzeiten gilt
das gleiche hohe Niveau und es werden nur die besten
Zutaten verwendet. Im Jahre 2012 erhielt das Noma
die Auszeichnung zum besten Restaurant der Welt zum
dritten Mal in Folge. Diesmal fuhr Ali Sonko mit dem
Team nach London und hielt die Dankesrede. Und 2014
gewann Noma den Preis erneut.

Bang & Olufsen und *Roligans*

Um das Wesen der dänischen Bescheidenheit zu erfassen, muss man nicht unbedingt im Noma essen gehen. Man kann auch einfach das 1933 von dem dänisch-norwegischen Autor Aksel Sandemose entwickelte »Gesetz von Jante« lesen.[2] Es handelt sich dabei um zehn praktische Regeln, die auf einer einfachen Bescheidenheitsphilosophie beruhen. Für viele Dänen ähnelt das Gesetz ein wenig den zehn Geboten und sie betrachten es als Verhaltenskodex für die Bescheidenheit. Zusammengefasst besagen die Regeln, dass man sich nicht für etwas Besseres als andere halten oder sie belehren darf.

Diese Philosophie sorgt für die unter Dänen gepflegte liebenswerte Zurückhaltung. Sie setzt aber auch Grenzen: Sie kann begabte Menschen entmutigen, ihre Talente zu zeigen und in der dänischen Gesellschaft zur Entfaltung zu bringen. Hier stoßen wir wieder auf die schon im Bildungskapitel diskutierte problematische Ablehnung der Elitenbildung. Manchmal hat man den Eindruck, dass in Dänemark die wahren Erfolge nebenbei passieren. Man erwartet nicht, der Beste auf seinem Gebiet zu werden, denn das ist nicht das Ziel, und die Menschen reagieren auch nicht immer positiv darauf. Dabei sein ist für Dänen wichtiger als gewinnen.

In den 1980ern machten die dänischen Fans der Fußballnationalmannschaft, die *Roligans*, weltweit von sich reden. Das Wort »Roligan« ist ein Wortspiel, entstanden aus dem englischen Wort »Hooligan« und dem dänischen Wort »rolig«, das übersetzt friedlich oder ruhig bedeutet. Der *Roligan*-Geist beruht auf Fair Play und Freundlichkeit und ist das Gegenteil von Aggression und Gewalt. Spaß haben und sich gut amüsieren ist dabei wichtiger als gewinnen oder verlieren. Da es den *Roligans* vor allem darum geht, dabei zu sein und nicht um den Sieg an sich, freuen sie sich schon über die kleinsten Erfolge ihres Teams. Für ihr beispielhaftes Verhalten bei der Europameisterschaft 1994 erhielten sie sogar die UNESCO Fair Play Trophäe und das, obwohl sie Wikingerhelme getragen hatten und das Bier in Strömen geflossen war.

Natürlich war das nicht irgendein Bier, sondern Carlsberg. Es wird mit typisch dänischem Understatement in Anzeigen beworben:»Wahrscheinlich das beste Bier auf der Welt«. Die dänische Bescheidenheit findet man überall, sogar in der Machart unserer Anzeigen. Auf den Start der Carlsberg Kampagne in London reagierte der neuseeländische Bierproduzent Steinlager sofort mit dem Slogan:»Definitiv das beste Bier der Welt«. In den Vereinigten Staaten ist Budweiser »Der König der Biere«. In Dänemark macht man das anders. In Werbespots wird eher davon gesprochen, dass die Produkte »leicht verbessert« oder »besser als gewöhnlich« sind. Die Dänen schätzen diese Botschaften und verstehen sie genau, aber Nicht-Dänen mögen dies vielleicht für mangelndes Selbstvertrauen oder Schwäche halten.

Bang & Olufsen war über Jahre führend bei den audiovisuellen Medien. Die Produkte sind hochpreisig und oftmals um das zehnfache teurer als vergleichbare Produkte. Innerhalb der Gruppe gab es aber Widerstand, sie als Luxusprodukte zu vermarkten. Das habe ich selbst erlebt, als ich von 1997 bis 2003 bei Bang & Olufsen arbeitete. «Nein, es ist kein Luxusprodukt, es ist ein Qualitätsprodukt!« Darauf bestand die dänische Geschäftsführung. Das erschwerte die Vermarktungsstrategie in Ländern wie Frankreich doch sehr, denn dort wäre natürlich die Positionierung im Luxussektor sinnvoll gewesen. Die Zurückhaltung lässt sich vielleicht dadurch erklären, dass »Luxus« in Dänemark negativ besetzt ist. Luxus ist überflüssig, oberflächlich, prahlerisch und ordinär. Mit diesem Begriff verbindet man Angeberei und den Wunsch, für etwas Besseres gehalten zu werden. Zu meiner Zeit hatte Bang & Olufsen in Dänemark einen Marktanteil von 25 Prozent. Das ist enorm viel, wenn man in Betracht zieht, dass die Stereoanlagen ungefähr 3.000 Euro kosteten. Einige meiner Freunde arbeiteten den ganzen Sommer durch, damit sie sich eine Bang & Olufsen Stereoanlage oder einen Fernseher leisten konnten. Aber wir betrachteten so ein Gerät nie als Luxusgut. Bestimmt nicht! Es war ein Qualitätsprodukt! Ich kann mich nicht daran erinnern, während meiner ganzen Jahre bei Bang & Olufsen dort jemals die Behauptung gehört zu haben, dass die Firma außer bei der Marktposition die »beste« sei.

Die Schildkröte und der Hase
Mit 19 Jahren kehrte ich nach einem einjährigen Aufenthalt in Paris nach Dänemark zurück, um eine Zeitlang in Kopenhagen zu leben. Damals hatte die dänische Hauptstadt einschließlich der Vororte eine Million Einwohner, war also erheblich kleiner als Paris. Bevor ich mit dem Studium begann, wollte ich meine Freiheit genießen.

Ich bewarb mich im Café Victor um einen Job. Das war damals eine total angesagte Bar in der Stadt und dorthin ging man, wenn man zur Kopenhagener Schickeria gehörte. Die Mitarbeiter in der Bar beäugten mich skeptisch, dieses junge 19 Jahre alte Mädchen aus Jütland. Zum Schluss gaben sie mir aber doch einen Job. Damals entdeckte ich eine mir neue dänische Seite, nämlich die vermeintliche Kopenhagener »Elite«. Die Barkeeper hielten viel auf sich und waren praktisch lokale Berühmtheiten.

Nach ein paar Wochen fragte ich, ob ich Abend-
schichten am Wochenende haben dürfte. Am Freitag-
und Samstagabend feierte in der Bar die Kopenhagener
Crème de la Crème. Der Chefbarkeeper musterte mich
und antwortete: »Die Schichten am Wochenende sind
wie die Formel 1 und du bist ein Go-Kart. Verstehst
du?« Eine solche Haltung bei einem Dänen überraschte
mich. Es war tatsächlich so ungewöhnlich, dass der Barbesitzer ein paar Wochen später ein außerordentliches
Treffen einberief. Er hatte festgestellt, dass bei den For-
mel-1-Nächten viel Geld in den Kassen fehlte. (Es ist in
Dänemark ziemlich einfach zu betrügen, da das System
ja auf Vertrauen basiert. Manche würden wohl von Na-
ivität sprechen) Der Barbesitzer stellte die Belegschaft
vor die Wahl, entweder das Geld zurückzugeben oder alle
würden gefeuert. Nun, alle wurden gefeuert.

Die Moral von der Geschichte? Selbst in Dänemark
gibt es Menschen mit einem riesigen Ego, denen die berühmte dänische Bescheidenheit fehlt. Ob sich nun wie
bei den Formel-1-Abenden eine Gelegenheit bietet oder
ob es Zufall ist, meistens stellt sich heraus, dass die größten Angeber nicht immer die ehrlichsten Menschen sind.
Deshalb sehen sich Dänen darin bestätigt, Affektiertheit
mit Misstrauen zu begegnen.

Einige bekannte Fälle in Dänemark veranschaulichen diese Theorie. So zum Beispiel der Absturz von
Klaus Riskær. Er war ein unverfrorener, arroganter Geschäftsmann, der innerhalb kürzester Zeit ein Vermögen
gemacht hatte. Er wurde nach mehreren Gerichtsver-
fahren des Betruges schuldig gesprochen und zu sechs
Jahren Gefängnis verurteilt. Ähnlich erging es dem aus-
gekochten Immobilienkönig Kurt Thorsen, der wegen
Steuerhinterziehung ins Gefängnis musste. So etwas
kommt bei den Dänen nicht gut an und die Presse lässt

es sich meist bei der Berichterstattung über solche Fälle nicht nehmen, an die guten altbewährten Prinzipien der dänischen Gesellschaft zu erinnern, insbesondere an Anstand und Zurückhaltung.

Das genaue Gegenteil erlebte ich 1999 als Hostess in einem sehr feinen Restaurant in Paris. Als ich meine Arbeit aufnahm, erklärte uns der Restaurantleiter ohne einen Funken Scham, dass wir die Reichen und Schönen im vorderen Lokalteil platzieren sollten, wo sie gut gesehen werden konnten. Die »hässlichen, gewöhnlichen Leute« (das hat er wirklich gesagt) sollten wir im hinteren Bereich in der Nähe der Toiletten platzieren! Wenn der vordere Speiseraum zeitweise voll besetzt war, musste ich auch »Reiche und Schöne« im hinteren Bereich unterbringen, was regelmäßig einen großen Aufstand verursachte. Wie konnte ich es wagen, sie dorthin zu verbannen, wo die »hässlichen, gewöhnlichen Leute« saßen.

Umgekehrter Größenwahn und Vordrängeln in der Warteschlange

Nach der Go-Kart-Episode fand ich sofort einen neuen Job in einem nahegelegenen Café, das meinen eigenen Ansprüchen und den dänischen Werten eher entsprach. Die Gäste waren durchaus wählerisch, aber sie nahmen sich nicht so wichtig. Der Besitzer Michael war ein prima Kerl und behandelte uns Angestellte respektvoll und freundlich. Wir durften so viel essen und trinken, wie wir wollten. Es war umsonst, wir mussten es nur in einem Merkbuch notieren. Das machten auch alle und keiner kam überhaupt auf die Idee zu betrügen. In Bezug auf die dänischen Werte kamen hier alle guten Dinge zusammen: Bescheidenheit, die nicht nur mit Vertrauen und Ehrlichkeit einhergeht, sondern auch mit Solidarität.

Nach meinen kurzen und ziemlich herausfordernden Erfahrungen mit Relais & Châteaux entdeckte ich diese Werte erneut. Ich hatte im Jahre 2006 das Glück, von der Hyatt Gruppe, einer amerikanischen Hotelkette mit hervorragender Unternehmenskultur, angestellt zu werden. Ich wurde die Kommunikationsdirektorin für den Bereich Europa, Afrika und den Nahen Osten. Mir ist bewusst, wie sehr ich es genossen habe, neun Jahre lang Teil einer Gruppe zu sein, die Menschen wertschätzt und respektiert, und Kollegen um mich zu haben, die meine Leidenschaft für Hotels und Reisen teilten.

Laut einer im *Journal of Positive Psychology* 2012[3] veröffentlichten Studie von Wissenschaftlern der Baylor University in Texas helfen bescheidene Menschen anderen in Not eher als arrogante. In ihrem Artikel stellten die Autoren fest, dass in dreißig Jahren Verhaltensforschung hier zum ersten Mal der Nachweis für einen Zusammenhang zwischen bestimmten Persönlichkeitsmerkmalen und Hilfsbereitschaft erbracht wurde. Als ein weiterer wichtiger Faktor erwies sich in der Untersuchung zwar auch die »Liebenswürdigkeit«, aber die Bescheidenheit stellte sich als der beste Indikator für Hilfsbereitschaft heraus. Die Studienergebnisse bekräftigen auch, dass Bescheidenheit des Einzelnen der gesamten Gesellschaft zugutekommt.

Diese Bescheidenheit könnte auch das ziemlich überraschende Phänomen des hohen Verbrauchs von Antidepressiva in Dänemark erklären. Ich werde manchmal gefragt: »Wenn die Dänen so glücklich sind, warum nehmen dort dann so viele Antidepressiva?« Es stimmt: Eines der größten Gesundheitsforschungsinstitute Dänemarks, das *Danish State Serum Institute* (SSI), ermittelte in einer Studie aus dem Jahre 2011, dass jeder zwölfte Däne Antidepressiva einnimmt. Bei der

Einnahme von Antidepressiva steht Dänemark im Ländervergleich nach Großbritannien, Schweden, Kanada, Portugal, Australien und dem traurigen Spitzenreiter Island an siebter Stelle.[4] Das bedeutet allerdings nicht zwangsläufig, dass die Menschen unglücklicher sind als Bewohner anderer Staaten. Es kann auch einfach daran liegen, dass es ihnen bei Krankheitsanzeichen leichter fällt, um Hilfe zu bitten, da sie bescheidener sind und Schwäche ihnen nicht peinlich ist. Zudem vermutet der Ökonom Richard Layard, dass eine erhebliche Anzahl von Depressionen nie behandelt oder diagnostiziert werden.[5]

In der dänischen Gesellschaft ist die Einnahme von Antidepressiva kein Tabu. Claus Møldrup vom Institut für pharmazeutische Wissenschaften an der Universität Kopenhagen hat sich mit diesem Phänomen befasst und erklärt, dass es in Dänemark kulturell eine große Akzeptanz und ein Verständnis für Depressionen gibt[6]. Dänen ist es nicht peinlich, über ihre Depressionen und über deren Behandlung zu sprechen. Im Gegensatz dazu ist Depression in vielen Ländern, insbesondere in südlichen Ländern, immer noch ein sensibles und schambesetztes Thema, wie Møldrup beobachtet hat. Einen weiteren relevanten Grund sieht er im Lichtmangel. In nördlichen Ländern sind neun Monate lang die Tage sehr kurz und es wird schon gegen 15 Uhr dunkel, was sich sehr ungünstig auf die Psyche auswirken kann.

Lassen Sie uns die Frage für einen Moment andersherum betrachten. Egal ob es Zusammenhänge mit Blick auf psychische Probleme gibt oder nicht, es bleibt eine Tatsache, dass die Dänen beim Konsum von Antidepressiva an siebter Stelle innerhalb der OECD Länder stehen.[7] Macht die Einnahme sie vielleicht »high«? Anders ausgedrückt, macht vielleicht die euphorisierende

Wirkung der Medikamente die Dänen zum glücklichsten Volk der Welt? Dieser Frage wurde schon nachgegangen, aber diese Theorie hält einer Untersuchung nicht lange stand. Erstens, weil Antidepressiva noch nie jemanden glücklich gemacht haben. Sie bewirken höchstens eine Dämpfung der Symptome. Zweitens, weil andernorts die Einnahme von Antidepressiva offensichtlich nicht dazu führt, dass die Menschen besonders glücklich sind. Aus einer Reihe von Studien der *National Health and Nutrition Survey* (NHANES) für das *National Center for Health Statistics* (NCHS) in den Vereinigten Staaten geht hervor, dass 11 Prozent aller Amerikaner, die älter als 12 Jahre sind, Antidepressiva einnehmen.[8] Auch wenn Frankreich bei der Einstufung in 28 OECD Ländern im Jahre 2015 beim Antidepressiva-Verbrauch auf Platz 17 zurückgefallen ist[9], werden dort trotzdem noch jedes Jahr 150 Millionen Einheiten Beruhigungsmittel, Antidepressiva und Schlaftabletten verkauft.[10] Wie auch immer, weder die Franzosen noch die Amerikaner gehören zu den glücklichsten Menschen der Welt. Andererseits war Dänemark schon seit den frühesten Glücksstudien 1973 unter den führenden Nationen, während Antidepressiva aber erst ab den 1980ern erhältlich waren. Der beim OECD Institut für Glücksforschung tätige dänische Professor Meik Wiking erläutert dazu: »In den letzten 40 Jahren belegte Dänemark kontinuierlich einen Spitzenplatz beim Glücksranking. Das widerlegt alle Ansätze, diese Position mit dem Gebrauch von Antidepressiva zu erklären, deren Einführung Dänemarks Abschneiden nicht beeinflusst hat.«[11]

Auf jeden Fall dachte ich als Teenager über diese Dinge nicht nach. Als ich 17 Jahre alt war, ging ich an einem Samstagabend mit meiner besten Freundin auf die Piste. Vor dem Klub wartete eine lange Schlange.

Viel zu lang für meinen Geschmack. Deshalb warf ich alle Prinzipien, die meine Eltern mir beigebracht hatten, über Bord und drängelte mich an die Spitze. Sofort intonierten die anderen ungefähr 200 Leute in der Warteschlange einen Sprechchor mit Worten, die sie sich gerade ausgedacht hatten: »*Om bag i køen, ja hun skal om bag i køen!*«, was übersetzt heißt: »Zurück ans Ende der Schlange, sie muss zurück ans Ende der Schlange!« Ich war so blasiert gewesen zu glauben, dass ich nicht wie die anderen warten musste. Ich war peinlich berührt, als ich kleinlaut zurückgehen und mich am Ende wieder anstellen musste. In einem anderen Land hätten mir die Leute vermutlich schlimmere Beleidigungen an den Kopf geworfen. In Dänemark jedoch äußerten sie ihre Unzufriedenheit, indem sie mich einfach und direkt aufforderten, mich anzustellen.

Um mich selbst zu beruhigen, schrieb ich mein Verhalten den paar Bier zu, die ich vorher getrunken hatte. Schließlich widersprach dieses Verhalten komplett meiner Erziehung. In Dänemark wird einem von Kindesbeinen an beigebracht, dass man nicht angeben oder auffallen soll. Als ich Kind war, erzählte man mir immer, dass man am besten die Worte »immer«, »nie«, »alle« und »niemand« vermeiden solle. Erstens, weil so extreme Behauptungen ungehobelt seien und zweitens, weil es im Allgemeinen sehr schwer sei, sie zu belegen.

Letzten Endes stammt die eine strikte Behauptung, der vermutlich alle Dänen zustimmen würden, von Königin Margrethe II. von Dänemark: »Wir sind stolz auf unsere Bescheidenheit. Das ist unser umgekehrter Größenwahn. Es ist sehr differenziert.«[12]

10. GLEICHSTELLUNG DER GESCHLECHTER
Freie Wahl der eigenen Rolle

Jeder Mensch ist frei, seine eigene Rolle zu wählen, ohne sich um Rollenklischees und Tabus zu sorgen.

Als ich acht Jahre alt war und mein Bruder Jesper neun, erklärte unsere Mutter uns in aller Ruhe die Pflichten im Haushalt. Jeden Tag sollte jeder von uns eine Aufgabe erledigen: Tisch decken, Blumen gießen, Staub saugen, Tisch abräumen, Spülmaschine ausräumen, Mülleimer leeren und so weiter. Kleine Aufgaben, die aber wichtig waren, um uns Respekt vor der Arbeit beizubringen und uns zu motivieren, etwas zum Familienleben beizutragen. Die Aufgaben wurden verteilt, ohne dass jemals gefragt wurde, ob es eine Mädchen- oder Jungenarbeit sei. Mein Bruder und ich hatten dieselben Pflichten.

Auch sonst wurden wir gleichbehandelt, unabhängig vom Geschlecht: dieselbe Erziehung, dieselben Rechte, dieselben Grenzen. Wenn meine Freundinnen kamen, spielten wir mit Puppen oder Vater-Mutter-Kind. Meine Mutter machte uns stets klar, dass mein Bruder mitspielen durfte, wenn er wollte. Wenn seine männlichen Freunde kamen und sie sich mit Autos oder Cowboy- und Indianerspielen vergnügten, galt dasselbe. Wir wurden nie geschlechtsspezifisch behandelt, obwohl unser Familienmodell ziemlich traditionell war. Mein Vater arbeitete, während meine Mutter sich um Haus und Kinder kümmerte.

Hausmänner
In meiner Jugend war die Gleichstellung der Geschlechter nie ein Thema für mich, sie war einfach selbstverständlich.

In gewisser Hinsicht könnte man die dänische Gesellschaft sogar als weiblich bezeichnen, denn sie beruht auf Solidarität, Kooperation, Fürsorge und Bescheidenheit, also Werten, die generell mit Frauen assoziiert werden. Die wichtigsten Werte aber sind Familie und soziale Sicherheit. Erfolg ist, wie schon erwähnt, nicht mit finanziellem Gewinn gleichzusetzen. Er wird unter anderem an einer guten Work-Life-Balance gemessen.

Der öffentliche Umgang mit den eigenen Gefühlen ist in Dänemark nicht nur akzeptiert, sondern sogar erwünscht. Durch Gespräche über Gefühle entstehen und wachsen Beziehungen. Eine von mir sehr geschätzte französische Arbeitskollegin sagte oft zu mir: »Wie kannst du mit Leuten, die du kaum kennst, so offen über dich und deine Gefühle reden?« Das amüsiert mich immer. In Dänemark ist es normal und keinesfalls peinlich oder deplatziert, freimütig über sich selbst zu reden. Es bedeutet, dass man den Gesprächspartner direkt und ehrlich behandelt und nicht, dass man jedem seine innersten Gefühle sofort offenbart.

Diese Freiheit, eigene Gefühle auszudrücken und über sich selbst zu reden, ohne dass es als Schwäche gilt, ist ein fantastischer Fortschritt – besonders für die Männer. Sie nehmen ihren Teil dieser »weiblichen« Werte bereitwillig und selbstverständlich an. Sie fühlen sich frei, Hausmann zu sein, wann immer sie wollen, ohne dass es ihrem Empfinden von Männlichkeit Abbruch tut. Hinzu kommt, dass der Mutterschutzurlaub in Dänemark von beiden Elternteilen genutzt werden kann. 2002 wurde er auf insgesamt zweiundfünfzig Wochen verlängert. Väter sind berechtigt, sich nach der Geburt zwei Wochen frei zu nehmen. Mütter haben Anspruch auf vier Wochen vor der Geburt und vierzehn danach. Die restlichen zweiunddreißig Wochen können beide Eltern nach freiem Ermessen untereinander aufteilen. Im Gegensatz zu vielen anderen Kulturen finden dänische Männer es normal, die Haushaltspflichten zu teilen. Tatsächlich hüten sie fast genauso häufig Haus und Kinder wie die Frauen. Vergleichsweise leisten Frauen in Frankreich und Großbritannien 4,3 Stunden mehr Hausarbeit und in Mexiko fünf Stunden mehr.[1] Oft wird vergessen: Der Kampf für die Gleichstellung der Geschlechter hat die Männer genauso befreit wie die Frauen. Jeder kann sich die richtige Rolle auswählen, ohne sich um Rollenklischees oder Tabus zu sorgen.

Diese gleichberechtigte Beziehung zwischen Männern und Frauen wird den Dänen von klein auf anerzogen. Schon in der Kindheit sind Freundschaften zwischen Jungen und Mädchen selbstverständlich. Ich hatte in der Schule genauso viele männliche Freunde wie weibliche. Jungen und Mädchen werden gemeinsam beschult und auch im Sportunterricht gleichbehandelt. Ab und zu habe ich die Jungen im sechzig-Meter-Lauf geschlagen, was sie jedoch nie gestört hat. Ganz im Gegenteil, sie freuten sich mit mir. Ohne geschlechtsspezifische Klischees werden Kinder in ihrer natürlichen Entwicklung gefördert und dazu ermutigt, persönliche Ziele und nicht nur die Erwartungen anderer zu verfolgen.

Als ich zehn Jahre alt war, standen eines Tages vier Jungen aus meiner Klasse vor unserer Haustür, um mir ihre »gemeinschaftliche Liebe« zu erklären. Meine Mutter lud sie ein hereinzukommen und bot ihnen Limonade an. Sie hatten mir mehrere kleine Geschenke mitgebracht, dazu noch eine Karte, auf der stand: »Wir lieben dich«. Ich erinnere mich noch an meine leichte Verlegenheit, aber wir setzten uns alle ins Wohnzimmer und unterhielten uns. Meine Mutter erklärte, dass wir noch zu jung seien für die große Liebe. Wenn sie mich wirklich liebten, bräuchten sie nichts weiter zu tun als nett zu mir zu sein und mich freundschaftlich zu behandeln, wie einen von den Jungs. Das Ergebnis war, dass wir alle sehr gute Freunde wurden.

Viele Regierungen weltweit haben klar erkannt, dass der Kampf um eine verbesserte Gleichstellung der Geschlechter schon in der Kindheit beginnt. Beispielsweise kam in Frankreich ein 2013 publizierter Regierungsbericht zu dem Ergebnis, dass sexistische, im kollektiven Unterbewusstsein verwurzelte Vorurteile und Klischees eine direkte Ursache für Diskriminierung seien und aus diesem Grund schon in sehr jungem Alter bekämpft werden sollten. Die schon gesetzlich eingeführte und im alltäglichen Leben gewohnte Koedukation sei eine notwendige, aber nicht ausreichende Bedingung für die echte Gleichberechtigung zwischen Mädchen und Jungen sowie später zwischen Frauen und Männern. Diese müsse durch proaktive Anstrengungen der Behörden, der Interessengruppen innerhalb des Erziehungssystems und der Schulen unterstützt werden.[2] In Holland und Österreich wurden eine Reihe von Initiativen (einschließlich eines Programms namens »Mädchen und Technologie«) realisiert, die Mädchen für Fächer und Ausbildungen ermutigen sollten, in denen sie bisher unterrepräsentiert waren. In Irland hat das Department für Bildung und Wissenschaft eine verbindliche Vorgehensweise eingeführt, die durch alle Stufen des Erziehungssystems hindurch die Gleichberechtigung der Geschlechter fördert.[3]

See, Sex und Schnee

In Dänemark gibt es wenige Tabus zwischen Männern und Frauen. Ich erinnere mich jedenfalls an kein Thema, über das wir als Kinder oder als Erwachsene nicht hätten sprechen dürfen. Das Alltagsleben ist ziemlich unkompliziert. Auch sehr prosaische Tätigkeiten – beispielsweise mit einem gerade gekauften Riesenpaket Toilettenpapier nach Hause zu gehen – sind den Dänen überhaupt nicht peinlich. Einmal ging ich mit so einem Paket durch Paris und die mitleidigen Blicke der Passanten werde ich nie vergessen. Ich hatte die Rollen in einer sehr hübschen Tasche verstaut, die aber viel zu klein war. Vielleicht war das der Grund!

Die Dänen, Männer wie Frauen, fühlen sich nur bei einer einzigen Sache unbehaglich. Und zwar - wie schon erwähnt – wenn es Leuten an Bescheidenheit mangelt. Wenn jemand in ihrer Gegenwart mit seinen Glanzleistungen prahlt, erröten die Dänen viel eher, als wenn sie über Liebe und Sex sprechen.

Apropos Sex: Sexualität ist in unserem Land etwas sehr Natürliches und weder eine Peinlichkeit noch eine Sünde. So gehört Sexualität bei Essenseinladungen unter Freunden zu den normalen Gesprächsthemen. Frauen, denen der Sinn nach Sex steht, haben dieselben Freiheiten wie Männer. Noch einmal: Ohne geschlechtsspezifische Rollen und Klischees fehlt auch der moralische Druck, der von sozialen Normen oder Religion ausgeübt wird.

Eine dänische Freundin erzählte mir einmal, sie habe zufällig einen Ex-Freund getroffen, als sie mit ihrem Mann zum Essen ausging. »Das hat mich vor meinem Mann schon etwas in Verlegenheit gebracht, also habe ich ihn als jemand vorgestellt, mit dem ich einmal Sex hatte«, erklärte sie.

»Das war sicher ein bisschen peinlich«, sagte ich ziemlich überrascht.

»Ja, ich hatte das Gefühl, dass beide Männer nur mühsam die Contenance bewahren konnten. Aber ich wollte ihn lieber als One-Night-Stand ausgeben, als eine

Liebesgeschichte daraus machen!« Die Dänen haben keine Probleme mit einem One-Night-Stand. Im weltweiten Vergleich rangieren sie tatsächlich auch in dieser Hinsicht am oberen Ende der Skala.

Die Skandinavier, Dänen inbegriffen, gehören weltweit mit zu den Jüngsten, wenn sie ihre ersten sexuellen Erfahrungen machen. Die Isländer haben mit fünfzehn Jahren den ersten Sex, während die jungen Schweden, Norweger und Dänen mit sechzehn Jahren beginnen, so wie auch die Briten. Die Amerikaner sind durchschnittlich 16,9 Jahre alt. Die Franzosen warten bis kurz nach ihrem siebzehnten Geburtstag. Die Asiaten machen im Durchschnitt zwischen achtzehn und neunzehn Jahren erste sexuelle Erfahrungen, und die Inder warten, bis sie fast zwanzig sind.[4]

Im September 2009 verbreitete sich ein Online-Video explosionsartig im Netz. Es zeigte eine junge Dänin mit ihrem Baby. Im Laufe weniger Tage klickten über eine Million Menschen das Video an. Die junge Dänin hatte angeblich das Video gepostet, weil sie hoffte, den Vater des Kindes ausfindig zu machen. Im Video erzählte sie, dass sie am Ende eines Abends nach vielen Drinks einen charmanten jungen Mann getroffen hatte. An seinen Namen konnte sie sich nicht erinnern, aber sie sagte, sie habe eine tolle Nacht mit ihm verbracht. Im Arm hielt sie ihren kleinen Sohn August, der seine Geburt diesem One-Night-Stand verdankte. Sie wollte nichts von dem jungen Mann, weder Geld noch die Anerkennung der Vaterschaft. Er sollte nur Bescheid wissen, dass er Vater eines Sohnes ist.

Aber, das Video war inszeniert! Die junge Frau hatte es weder aufgenommen noch ins Netz gestellt. Die ganze Aktion ging auf die Kappe der dänischen Tourismuszentrale VisitDenmark, die Aufmerksamkeit erwecken und

Touristen anlocken wollte. Es gab einen großen Skandal. Die Dänen fanden es absolut geschmacklos, Dänemark als ein Land zu bewerben, in dem Mädchen einfach so mit Fremden schlafen, und dann auch noch ungeschützt. Die Verantwortlichen dieser irrwitzigen Idee reagierten darauf mit folgender Aussage: Es sei ihr Ziel gewesen, für die dänische Freiheit, für die freie Wahl des eigenen Lebensweges zu werben. Dazu gehöre auch, allein ein Baby in die Welt zu setzen, ohne von anderen verurteilt zu werden. VisitDenmark zog das Video schnell aus dem Verkehr. In einer Presseerklärung räumte die Tourismuszentrale ein, dass die Aussage des Videos verwirrend sein könnte. Dem stimme ich zu! Ich muss aber gestehen, dass die Geschichte mich auch zum Lachen bringt – so absurd finde ich sie. Aber immerhin bestätigt sie die äußerst entspannte Einstellung der Dänen zum Sex. Trotzdem war die ganze Angelegenheit so umstritten, dass der Direktor von VisitDenmark kurz danach zurücktreten musste.

Im August 2013 schaffte es ein weiteres dänisches Paar in die Schlagzeilen. Wieder ging es um unsere legendäre sexuelle Freiheit. Nach dem Besuch eines Fußballspiels wollte das Paar sich noch etwas länger vergnügen. Sie liebten sich direkt auf dem Fußballfeld. Leider hielt ein Sicherheitsbediensteter des Stadiums gar nichts davon und unterbrach sie kurzerhand. Unglaublich? Kaum. Dänemark hält anscheinend den Weltrekord, wenn es um Paare geht, die in der Öffentlichkeit Sex haben.

Touristen wundern sich auch häufig über die offen praktizierte Nacktheit, die man in Kopenhagen sehen kann. Dänische Frauen sind dafür bekannt, während ihrer Mittagsstunde barbusig auf dem Rasen vor Schloss Rosenborg im zentralen Park der Stadt zu sitzen. Für die Dänen ist das kein Problem. Der offene Umgang mit unserem Körper liegt sozusagen in unserer DNA. Vielleicht erklärt das auch die Ungezwungenheit, mit der Dänen am Ende einer Party aufeinander zugehen und sagen können: »Ich mag dich wirklich. Willst du mit mir schlafen?« Kein Getue, kein Vorwand, keine komplizierte Annäherung. Wenn man Sex möchte, warum sich dann eine schöne Nacht entgehen lassen? Aber Vorsicht, seien Sie nicht zu enthusiastisch, es klappt nicht immer und auch nicht mit jedem!

Wenn es um sexuelles Vergnügen geht, sind die Dänen aber nicht anders als andere Nationen. Wissenschaftler weltweit bestätigen einmütig, dass Sex und Glück Hand in Hand gehen. Der britische Nationalökonom Richard Layard bewertet Sex als die Tätigkeit, die Menschen am glücklichsten macht.[5] Das bekräftigt auch eine Studie, die der Doktorand Carsten Grimm von der neuseeländischen University of Canterbury in Christchurch durchführte. Er stellte fest, dass die Menschen sich immer noch lieber mit Sex als mit Facebook beschäftigen. Das ist doch letztendlich eine gute Nachricht.[6]

Familienangelegenheiten

Die fehlenden Tabus zwischen Männern und Frauen wirken sich auch in anderer Hinsicht auf die Gesellschaftsstruktur aus. Nicht nur die Mitglieder traditioneller Familien können Rollen und Verantwortung nach eigenem Wunsch aufteilen. Den Menschen steht offen, in jeder beliebigen Art von Paarbeziehung zu leben, mag sie noch so unkonventionell sein. Sie können mit oder ohne Kinder zusammenleben, getrennt wohnen oder jedes erdenkliche Setup einer Patchwork-Familie praktizieren. Natürlich heiraten die Dänen auch, obwohl der Trend seit 2008 zurückgeht. Nur einunddreißigtausend Paare heirateten noch im Jahr 2010.[7]

Im Sommer 2002 fuhr ich zur Hochzeit einer guten Freundin nach Dänemark. Es war eine wunderbare Feier an einem idyllischen Ort am Meer. Die Atmosphäre war warm und romantisch und alle sechzig Gäste waren glücklich, diesen wunderbaren Moment gemeinsam zu genießen. Wie es die Tradition verlangt, erhob sich der Bräutigam während des Essens und hielt eine liebevolle, bewegende Rede. Am Ende, während er seiner Braut in die Augen sah, sagte er: »Ich liebe dich. Ich liebe dich von ganzem Herzen. Selbst wenn du im Bett pupst und dabei denkst, dass ich es nicht rieche – also, dann liebe ich dich umso mehr.« Wahrscheinlich sind nicht-dänische Leser jetzt sehr entsetzt. Die anwesenden Gäste jedoch fanden das Bild völlig normal, sogar romantisch. Diese Anekdote veranschaulicht, wie natürlich und unprätentiös Männer und Frauen in Dänemark miteinander umgehen. Meine französischen und amerikanischen Freunde glauben mir diese Geschichte nicht. Und wenn ich ihnen dann versichere, dass sie wirklich wahr ist, sehen sie mich verblüfft an und sagen: »Und wann kam die Scheidung?« Zum Glück kann ich allen versichern, dass das Paar immer noch glücklich zusammenlebt.

Dänemark hat aber eine der höchsten Scheidungsraten in Europa: 2,6 pro 1000 Einwohner im Jahr 2011, verglichen mit 2,0 in Frankreich, 1,7 in Polen und 0,7 in Irland. Osteuropäische Länder wie Lettland mit 4,0 und Litauen mit 3,4 halten den Rekord. Obwohl die Scheidungsrate in den USA ebenfalls hoch ist (3,6 per 1000) ist dort ein Rückgang zu verzeichnen (sie lag bei 4,0 im Jahr 2000).[8]

Vor einigen Monaten rief mich eine dänische Freundin an. Sie war schon seit einiger Zeit unglücklich gewesen, da sich ihr Mann als notorischer Lügner entpuppt hatte. Sie hatten zwei kleine Kinder und so kämpfte sie schon seit zwei Jahren um eine Lösung. »Es ist vorbei«, erzählte sie mir. »Wir wurden gestern geschieden. Ein paar Klicks online und mein neues Leben kann jetzt anfangen!« Ein paar Klicks? Ja. Am 1. Juli 2013 wurde in Dänemark ein rechtsgültiges Online-Sofort-Scheidungsverfahren eingeführt. Paare haben jetzt die Chance, die für eine offizielle Scheidung normalerweise erforderliche 6-monatige Trennungsfrist zu umgehen. Die Kosten für eine sofortige Scheidung betragen 900 Kronen (ca. 120 Euro), für eine mit Trennungsfrist 1.800 Kronen, ca. 240 Euro. Viele sind sicherlich schockiert – so eine einfach zu praktizierende Scheidung animiert doch regelrecht zur Trennung, könnte man meinen. Die Neuerung entfachte auch eine Mediendebatte in Dänemark. Einige Scheidungsanwälte waren der Meinung, die online-Scheidung könne dazu führen, dass Paare sich in der Hitze des Gefechts trennten. Die Scheidungsanwältin Mette Haulund analysierte jedoch zur selben Zeit die positiven Aspekte des neuen Gesetzes in einem Zeitungsartikel. Ihrer Aussage nach sind die meisten scheidungswilligen Paare verantwortungsbewusste Erwachsene, die schon lange darum gekämpft haben, ihre Ehe zu retten.[9] Meistens kommt die Scheidung nach vielen Jahren innerer Prüfung als letzter Ausweg. Das Gesetz erspart den leidenden Paaren ein qualvoll verlängertes und kompliziertes Verfahren, das Salz in die offene Wunde streut.

Was auch immer die Leute sagen, diese neue Option passt gut in die dänische Gesellschaft.

Gentlewomen

Gleichberechtigung zwischen Männern und Frauen hat noch einen wichtigen Nebeneffekt: Sie befreite die Männer von der Pflicht, beim gemeinsamen Ausgehen automatisch für sich und die Frau zahlen zu müssen. Wenn in Dänemark ein Mann eine Frau zu einem Date bittet, heißt das nicht unbedingt, dass er für das Essen zahlt. Meistens zahlt die Frau die Hälfte. Manchmal zahlt sie auch den exakten Preis ihrer Bestellung. Einmal ging ich mit einem Mann zum Essen aus - natürlich bezahlte jeder für sein eigenes Essen -, der mich dann hinterher nach Hause fuhr. Als wir vor meiner Haustür standen, fragte er mich sehr höflich, ob ich ihm Benzingeld geben könne. Ein anderes Mal holte mich ein Mann im Auto zu einem Kinobesuch ab. Selbstverständlich bot ich ihm an, für das Kinoticket zu zahlen. Er akzeptierte erfreut und fügte dann hinzu: »Hmm, Danke. Du hast nur noch nicht ... Ach was, kein Problem, dieses Mal zahle ich fürs Parken!« Erwarten Sie bitte nicht, dass ein Däne einer Frau seinen Platz anbietet, ihr beim Tragen einer schweren Tasche hilft, oder ihr gar die Tür aufhält. Letzteres vergesse ich jedes Mal bei Besuchen in der Heimat und laufe schnurstracks in zufallende Türen. Folgende Regel ist auf alle gesellschaftlichen Situationen anwendbar: Männer und Frauen zahlen die Hälfte, egal wie hoch ihr Einkommen ist oder welchen sozialen Hintergrund sie haben. Einmal aß ich in Paris mit dem Kronprinzen von Dänemark und drei anderen Dänen. Wir haben die Rechnung durch fünf geteilt!

Aber zurück zur Gleichstellung der Geschlechter. In Dänemark ist sie selbstverständlicher Teil der Gesellschaft – Arbeitsleben, Gemeindeleben und Politik. 2010 gingen 76,5 Prozent der dänischen Männer und 72,4 Prozent der dänischen Frauen zur Arbeit – eine Differenz von neun Punkten.[10] In Frankreich liegt diese Differenz bei 15 Punkten (74 Prozent der Männer und 59 Prozent der Frauen), wenn man die Vollzeitarbeit betrachtet.[11] Diese Zahlen sind das Ergebnis einer fest verankerten bürgerlichen und politischen Philosophie. Die Länder Nordeuropas waren die Wegbereiter des europäischen Frauenwahlrechts: Schweden führte es schon 1718 ein (gewährte es aber nur bis 1771, und dann wieder ab 1918), Norwegen und Dänemark führten es zwischen 1906 und 1915 ein. Die Frauen warteten kaum länger in Großbritannien (1918) oder Deutschland (1919), während das Frauenwahlrecht nicht vor 1931 nach Spanien und in die Türkei kam, und nicht vor der Befreiung 1944 nach Frankreich.

Bei den letzten dänischen Parlamentswahlen 2015 waren 37 Prozent der Abgeordneten Frauen. Vergleichen Sie das mit nur 18 Prozent im US-Repräsentantenhaus, 26 Prozent in Frankreich, 29 Prozent in Großbritannien und etwa 10 Prozent in Brasilien und Japan.[12]

Bei den Wahlen von 2011 wählten die Dänen mit Helle Thorning-Schmidt (amtierend bis 2015) zum ersten Mal eine Frau zur Ministerpräsidentin. Unter den dreiundzwanzig Mitgliedern ihres Kabinetts waren neun Frauen. Der weibliche Anteil liegt damit bei über 39 Prozent.

Im Geschäftsleben sind Frauen zu 21 Prozent in den Vorständen dänischer Firmen vertreten. In Frankreich sind es 24 Prozent, in Großbritannien 19 Prozent, in Deutschland 17 Prozent und in Italien 10 Prozent.[13] Der Durchschnitt in der EU liegt bei 14,9 Prozent. 2012 waren in Norwegen 42 Prozent der Vorstandsmitglieder Frauen! Zu erwähnen ist, dass einige Länder Richtlinien entwickelten, um die Anzahl der Frauen in Spitzenpositionen zu erhöhen. In Frankreich wird seit 2011 der Frauenanteil in den Vorständen von börsennotierten Unternehmen und solchen mit mindestens fünfhundert Angestellten per Gesetz geregelt. Eine Frauenquote wurde festgelegt, die bis 2014 20 Prozent und bis 2017

40 Prozent erreichen sollte. Genauso ist es in Norwegen (das Land ist Vorreiter in dieser Hinsicht), Belgien, Island und Italien, deren Quote bei 33 Prozent liegt. Großbritannien und Dänemark haben keine Frauenquote. Ihre weiblichen Vorstandsmitglieder werden aufgrund ihrer Qualifikation und verschiedener Umstände und nicht wegen irgendeiner Vorschrift gewählt. In Deutschland ist dagegen seit 2016 ist eine *Frauenquote* in Aufsichtsräten gesetzlich vorgeschrieben.

In Dänemark und generell in Skandinavien ist Diskriminierung zweifellos weniger ein Thema als anderswo auf der Welt. Die Gleichstellung der Geschlechter ist zur Norm geworden. In all meinen verschiedenen Jobs habe ich mich nie gefragt, ob meine Leistung davon beeinflusst wird, dass ich eine Frau bin. Wenn ich an Sitzungen oder Konferenzen teilnehme, macht es mir nichts aus, dass ich oft die einzige Frau bin. Sogar die unangebrachten und plumpen Kommentare mancher Männer berühren mich nicht. Ich denke, der Grund dafür ist mein fest verwurzeltes Gefühl, dass ich weder über noch unter anderen menschlichen Wesen stehe, egal ob es Männer oder Frauen sind. In Frankreich musste ich lernen, wie man Geschäftsbeziehungen mit Männern führt. Es war oft notwendig, klarere Grenzen als anderswo zu setzen. Doch nachdem das geschafft war, hatte ich immer den Eindruck, dass ich mit demselben Respekt wie ein Mann behandelt wurde. Diese Erfahrung machte ich in Frankreich und auch in anderen Ländern während meiner vielen Reisen (mit Ausnahme einiger Länder im mittleren Osten, in denen die Situation kompliziert ist).

Die Gleichberechtigung zwischen Männern und Frauen in Dänemark schafft eine fühlbare Harmonie in der Gesellschaft. Sie gibt Frauen die Möglichkeit, in der beruflichen Karriere wie auch im Privatleben Erfüllung zu finden. Und sie eröffnet Freiräume für Männer, so dass sie Zeit und Energie fürs Familienleben einsetzen können, ohne sich darum zu scheren, was die Leute denken.

Vor einiger Zeit hatte ich das Glück, bei Freunden in ihrem wunderschönen Haus, direkt am Meer in Ruhe an meinem Buch arbeiten zu können. Nach einem intensiven Arbeitstag gesellte ich mich abends zu den Freunden. Bei einem Aperitif genossen wir den Blick aufs Meer. *Was habe ich für ein Glück, dachte ich, gute Freunde, viel Spaß, gutes Essen und Gespräche bis tief in die Nacht. Um mich herum ist Natur, die Sonne scheint, die Ruhe ist vollkommen und die Zeit scheint still zu stehen ... Ich bin restlos glücklich!* Dann klingelte mein Handy. Es war meine Stiefmutter. »Malene, du musst sofort nach Dänemark zurückkommen. Dein Vater ist im Krankenhaus. Er hatte eine Notoperation, die nicht gut gelaufen ist. Er liegt im Koma.« Und plötzlich war mein gerade so intensiv gefühltes Glück fort. Erschüttert nahm ich das nächste Flugzeug nach Kopenhagen.

Warum erzähle ich Ihnen das? Nach meinen mehrjährigen Forschungen zum Glück scheint mir nur eines sicher: Das Glück ist unbeständig. Sobald wir glauben, Glück müsse sich als Dauerzustand erhalten lassen, werden wir schnell frustriert sein und unglücklich. Haben wir erst einmal unser »ideales« Leben erreicht - mit perfektem Partner, entzückenden Kindern, schickem Haus, Traumkarriere und so weiter - bilden wir uns oft ein, unser Glück werde ewig andauern. Das ist natürlich eine Illusion. Das Leben bringt ständig Veränderungen, ist unvorhersehbar und voller Überraschungen. Einige Ereignisse bereiten uns Freude, andere Schmerz. Entscheidend ist, sich auf das zu besinnen, was ich das persönliche Fundament der Lebenszufriedenheit nennen möchte. Dieses sich im Laufe unseres Lebens entwickelnde innere Fundament ist die Basis, die uns bei freudigen oder belastenden Ereignissen trägt. Es bestimmt im Wesentlichen unseren Glückspegel. Natürlich kann man schwierige Zeiten durchmachen und immer noch über eine solide Glücksbasis verfügen, und umgekehrt kann man auch mit einer fragilen Basis freudige Zeiten erleben. Aber solche extremen Phasen haben mit dem wahren Glück oder auch nur der länger andauernden Lebenszufriedenheit wenig zu tun: Diese wird durch das Fundament bestimmt, zu dem man immer wieder zurückkehrt.

Woraus entsteht also ein gutes Fundament? Durch etwas, das uns niemand abnehmen kann: durch unseren persönlichen Lebensweg, durch die Entscheidungen, die wir im Lauf des Lebens treffen, und durch unser Bemühen, uns selbst zu erkennen.

Selbstverständlich sind die Zusammenhänge komplexer. Ein weiterer wichtiger Faktor ist unser emotionales Umfeld, das positiv oder auch negativ auf die Entwicklung eines soliden Fundaments für Lebenszufriedenheit Einfluss nimmt. Man sagt, das Aufwachsen in einer liebevollen Familie stärke das Fundament. Dieser Meinung bin ich auch – in meinem Fall war es jedenfalls so. Die Liebe meiner Familie gab mir die solide Basis, um meinen Weg zu gehen und mir ein glückliches, harmonisches Leben aufzubauen. Aber ob man das verallgemeinern kann? Ich kann die Frage nicht mit Gewissheit beantworten, nur meiner Meinung nach ist die Liebe der wichtigste Pfeiler des Glücks, und zwar Liebe in all ihren verschiedenen Formen.

Das soziale Umfeld spielt ebenfalls eine »tragende« Rolle. Hier kommt das dänische Modell ins Spiel. In Dänemark scheint es weitgehend gelungen zu sein, ein Gesellschaftssystem aufzubauen, das dem Glück der Menschen dient. Ich bin der Überzeugung, dass es tatsächlich dieses System ist, das den Menschen hilft, ihren Platz in der Gemeinschaft zu finden, so dass sie frei und zuversichtlich durchs Leben gehen können. Das dänische System, das den Grundstein für ein solides persönliches Fundament bildet, beruht auf Vertrauen, auf Gleichheit und auf einem gewissen Grad an Realismus, Gemeinschaftssinn und Solidarität. Damit erhält jeder die Möglichkeit, den eigenen Platz zu finden. Das ist eine wertvolle Basis, um dauerhaft Lebenszufriedenheit und Glück zu erreichen.

Aber hier endet die Rolle Dänemarks. Was man aus den günstigen Bedingungen macht, liegt in der Hand eines jedes Einzelnen. Das Leben ist eine Reise, auf die wir uns alle begeben müssen. In Dänemark geboren zu werden, ist noch lange keine Garantie für Glück. Man kann man im glücklichsten Land der Welt aufwachsen und trotzdem unglücklich sein und vice versa. Auch in Dänemark gibt es unglückliche Menschen, die nur mit Antidepressiva klarkommen, Menschen, die sich dem Alkohol zuwenden. Auch Dänen haben Ängste und stellen sich ernsthafte Lebensfragen. Vielleicht haben Sie einige berühmte dänische Filme gesehen: In dem Film *Das Fest* (1998) in der Regie von Thomas Vinterberg werden während einer Familienfeier unangenehme innerfamiliäre Wahrheiten aufgedeckt. Andere Beispiele sind Lars von Triers Filme *Dancer in the Dark*, der im Jahre 2000 die Goldene Palme von Cannes gewann oder sein Film *Melancholia* (2011). Wie der Titel schon andeutet, nicht der fröhlichste Streifen – es herrschen Dunkelheit und Beklemmung.

Aber lassen Sie uns nicht vergessen, dass in Dänemark auch Filme wie *Babettes Fest* von Gabriel Axel (1987) produziert wurden. Dieser Film, der 1988 einen

Oscar als bester fremdsprachiger Film gewann, erzählt die Geschichte von Babette. Die Chefköchin eines berühmten Pariser Restaurants findet während des französischen Bürgerkriegs Zuflucht in einem kleinen dänischen Dorf. Nach fünfzehn Jahren harter Arbeit gewinnt sie eines Tages im Lotto, aber sie behält das Geld nicht für sich, sondern verwendet es, um ein großartiges französisches Festmahl für die Dorfbewohner zuzubereiten.

Dänemark ist wie jedes andere Land, wie jeder von uns, wie das Leben selbst: Da gibt es schwierige Zeiten, Ängste, Hoffnungen, Freude und Anteilnahme. Nicht ein Land kann einen Menschen glücklich machen. Das wahre Glück hängt von jedem Einzelnen selbst ab. Eine Gesellschaft kann uns nur die besten Grundlagen für ein gesundes Fundament mitgeben, auf dem wir unser eigenes Glück aufbauen können. Mit diesem Fundament können wir dann unbeschwerte Momente in vollen Zügen genießen oder Schwierigkeiten besser überstehen.

Anders als Babette im Film habe ich das »glücklichste Land der Welt« verlassen, um mein Glück in einem anderen Land zu suchen. Mein Weg begann, als ich mit achtzehn Jahren in Paris ankam. Im Gepäck hatte ich die mir von der dänischen Gesellschaft mitgegebenen Grundlagen meiner Lebenszufriedenheit und die Bonuspunkte, die aus der Liebe meiner Eltern herrührten: Selbstachtung, Mut und Zuversicht. Trotzdem waren meine ersten Monate in Paris furchtbar. In einer Kultur, die mir völlig fremd war, musste ich viele Schwierigkeiten überwinden. Frankreich war für mich das schönste Land der Welt, aber die französische Mentalität schien so fremd und anders. Ich hatte beispielsweise den Eindruck, dass die Franzosen in jeder Beziehung die Besten sein wollten und dass die französischen Kinder viel abhängiger von ihren Eltern waren als wir in Dänemark. Überraschend war für mich, dass die Menschen tatsächlich an eine Elite glaubten, dass sie nach Größe strebten und dass Bescheidenheit durchaus in Teilen als verzichtbare Eigenschaft galt. Auch schien mir die soziale Mobilität schwerfällig und die Idee einer allgemeingültigen Chancengleichheit mehr Theorie als Praxis zu sein. Zweifellos herrschen in Frankreich und Dänemark verschiedene Kulturen. Auch die Haltung zu Steuern, zum Thema Work-Life-Balance oder Beziehungen zwischen Männern und Frauen ist nicht dieselbe.

»Wenn es Ihnen nicht passt, dann bleiben Sie doch in Ihrem eigenen Land!« Da ist was dran. Wenn in Dänemark die idealen Bedingungen für Glück vorhanden sind, warum habe ich mich dann in Frankreich niedergelassen? Erstens kann ein Land die Menschen nicht glücklich machen. Das kann man nur aus sich selbst heraus. Zweitens, weil ich mich verliebt habe. Verliebt in Frankreich und seine Menschen. Ich liebe die Lebenslust der Franzosen. Nirgends weiß man besser, gutes Essen zu genießen und dabei anregende Gespräche über den Sinn des Lebens zu führen! Ja, ich denke, die Franzosen sind ziemlich individualistisch, aber sie sind liebenswert komplex und voller Gegensätze, was ihnen so viel Tiefe und Charme verleiht. Die Franzosen haben die erstaunliche Fähigkeit, Freude an all ihren Tätigkeiten zu empfinden – mögen sie noch so banal sein. Seit über zwanzig Jahren lebe ich in Frankreich und entdecke immer noch neue Facetten des französischen Charakters. Natürlich haben die Franzosen mich nicht darum gebeten, hierher zu kommen und sie müssen sich sicherlich nicht meinen Standards anpassen, denn es ist an mir, dieses Land und die Menschen, die mich in ihrer Heimat aufnehmen, zu respektieren. Unter anderem deshalb habe ich mir viel

Zeit genommen, um diese wunderschöne reiche Kultur kennen zu lernen und die Sprache zu sprechen.

Inzwischen habe ich mein persönliches Glück in Frankreich gefunden. Aber ich weiß, dass meine Lebenszufriedenheit stark auf den dänischen Werten basiert – auf den zehn Grundprinzipien, die ich Ihnen in diesem Buch vorgestellt habe. In der dänischen Kultur gibt es diese Werte im Zehnerpack, aber sicherlich sind sie auch anderswo zu finden. Und wenn das Land, in dem Sie leben, Ihnen diese Prinzipien nicht auf dem Silbertablett serviert - warum suchen Sie sie nicht in Ihrem Innern und kultivieren sie in Ihrem Leben?

Im Folgenden stelle ich Ihnen Beispiele von Menschen aus allen Gegenden der Welt vor, die diese zehn Werte zu einem unentbehrlichen Instrument für ihr eigenes Glück und das Glück anderer gemacht haben.

Vertrauen. Muhammad Yunus, »der Banker der Armen« genannt, setzte auf Vertrauen und veränderte damit die Entwicklungsökonomie und das Alltagsleben von Zehntausenden. Er gründete 1983 die *Grameen Bank*, das erste Kredit-Institut für Mikro-Kredite. Die Bank vertraut Tausenden von Menschen, indem sie Mikro-Kredite ohne Sicherheiten vergibt. Die meisten Kredite wurden vollständig zurückgezahlt, obwohl Bangladesch zu den Ländern gehört, die in Punkto Vertrauen einen der unteren Plätze auf der Rangliste belegen. Muhammad Yunus erhielt 2006 für seine Arbeit den Friedensnobelpreis. Vertrauen ist etwas sehr persönliches, und Yunus ist ein außergewöhnliches Beispiel. Natürlich gibt es Orte und Länder, wo Vorsicht angeraten ist. Blickt man jedoch den Menschen offen in die Augen, dann lässt sich Vertrauen überall herstellen. Schwieriger steht es mit dem Vertrauen in Institutionen und Regierungen, die für den Einzelnen kaum zu durchschauen sind, denn hier könnte zum Beispiel auch Korruption im Spiel sein. Für den Aufbau einer auf Vertrauen basierenden Gesellschaft muss jeder Einzelne dieses Prinzip zunächst selbst praktizieren.

Bildung. International gesehen steht in Bildungssystemen häufig das Streben nach Spitzenleistungen im Vordergrund. Man legt bei der Bildung immer noch mehr Wert auf das Auswendiglernen und das Erreichen einer hohen Punktzahl als darauf, dass die Kinder mit Spaß und Freude lernen. Aber auch hier können Eltern ihren Nachwuchs auf dem Weg zur persönlichen Verwirklichung unterstützen, ohne deshalb die Kinder zu permanenten Bestleistungen anzutreiben oder ihren eigenen Ehrgeiz auf sie zu projizieren. Wenn ich mich darüber mit einer chinesischen Freundin unterhalte, sagt sie immer: »Meine Tochter erhält zwar an der chinesischen Schule eine Eliteausbildung, aber ich achte trotzdem darauf, dass sie ohne Druck von mir ihren eigenen Weg findet.« Das zeigt, dass nicht nur Dänen die persönliche Entfaltung ihres Kindes am Herzen liegt. 1919 gründete Rudolf Steiner in Deutschland die erste Freie Waldorfschule. Deren innovative pädagogische Theorien legen genauso viel Wert auf künstlerische Tätigkeiten und manuelle Fertigkeiten wie auf intellektuelle Arbeit. Die Waldorfschulen sind inzwischen mit 1039 Schulen das größte Netzwerk unabhängiger Schulen weltweit.

Freiheit und Unabhängigkeit. Sich den eigenen Lebensweg zu bahnen, ist nicht immer einfach. Voraussetzung ist, sich selbst und seine Interessen zu verstehen und zu kennen. Auch wenn es seinen Preis haben mag, lohnt es, sich von gesellschaftlichen, familiären oder konventionellen Vorstellungen zu befreien. Malala Yousafzai, ein sehr mutiges pakistanisches Mädchen, hat diesen Weg gewählt. Sie nahm ihr Schicksal in die Hand und kämpfte für das Recht der Mädchen auf Ausbildung. Deswegen verübten die Taliban einen Mordanschlag auf sie, der sie beinahe das Leben gekostet hätte. Als ihr 2014 gemeinsam mit Kailash Satyarthi der Friedensnobelpreis zuerkannt wurde, war sie die jüngste Laureatin. Auch Nelson Mandela muss hier erwähnt werden, denn sein persönlicher Kampf ist schier unglaublich und sicherlich historisch einmalig. Sein Leben lang hat er sich dafür eingesetzt, eine bessere Welt zu schaffen.

Chancengleichheit. Jeden Tag können wir anderen Menschen Chancen eröffnen. Anstatt auf die Lösung von »oben« zu warten, kann jeder Einzelne durch sein Handeln das Schicksal eines anderen Menschen verändern. Vornehmlich im Sport und Unternehmertum lässt sich Chancengleichheit gut umsetzen. Doch auch dafür braucht es den Einzelnen, der junge Menschen ermutigt und ihnen Impulse gibt. Der mit zwei Michelin-Sternen ausgezeichnete Chefkoch Thierry Marx hat einen kostenlosen Gastronomie-Trainingskurs ins Leben gerufen, genannt »Cuisine, mode d'emploi(s)«. Er steht jungen Menschen aus schwierigen Verhältnissen offen, die noch keine abgeschlossene Ausbildung haben. Ein ähnliches Projekt initiierte der französische Unternehmer Xavier Niel: Er gründete eine gebührenfreie Schule für Digitaltechnik mit dem Ziel, talentierten und motivierten Menschen eine qualitativ hochwertige Ausbildung zu ermöglichen. Diese hoffnungsvollen Initiativen können uns allen als Inspiration dienen.

Realistische Erwartungen. Das dänische Modell zeigt, dass realistische Erwartungen zu einem besseren Leben führen. Realistisch zu sein, bedeutet aber nicht, keinen Ehrgeiz zu haben. Schließlich wollen Dänen ein befriedigendes Leben führen. Vielleicht kennen Sie die folgenden Worte:»Ich schaue immer auf die optimistische Seite des Lebens, aber ich bin realistisch genug, um zu wissen, dass das Leben eine komplexe Angelegenheit ist.«? Sie stammen von Walt Disney, dem Erfinder der berühmtesten Fantasiewelt für Kinder (und Erwachsene).

Wer glücklich sein will, tut gut daran, sich ein realistisches Ziel zu setzen. Das bedeutet nicht, die eigenen Träume aufzugeben. Nur sollte man sachlich abwägen, wie viel Zeit man für ihre Verwirklichung braucht und welchen Preis man dafür zahlen muss. Der amerikanische Schriftsteller und Redakteur Edgar Watson Howe sagte einmal, das halbe Unglück der Welt sei dem Scheitern von Plänen zu verdanken, die realistisch betrachtet niemals vernünftig gewesen waren und oft sogar unmöglich.

Solidarität. Andere Menschen zu respektieren, ist eine persönliche Entscheidung. Egal in welchem Land wir leben, so können wir doch wählen, wie wir mit anderen Menschen umgehen. Ob unser Gesellschaftssystem auf Umverteilung ausgerichtet ist oder nicht, wir können doch auf unsere Weise teilen. In seiner Antrittsrede vom 20. Januar 1961 sagte Präsident John F. Kennedy:»Und deshalb, meine amerikanischen Mitbürger: Fragt nicht, was euer Land für euch tun kann – fragt, was ihr für euer Land tun könnt.« Die Amerikaner Bill und Melinda Gates beantworten diesen Ruf nach Solidarität beispielhaft. Im Jahre 2000 gründeten sie die *Bill & Melinda Gates Foundation* mit dem Ziel, die Weltbevölkerung in den Bereichen Gesundheit und Erziehung zu unterstützen. Sie wollten 95 Prozent ihres auf 73 Milliarden geschätzten Vermögens in die Stiftung einbringen. 2010 starteten sie *The Giving Pledge Initiative*. Darin wurden die reichsten Menschen der Welt aufgefordert, 50 Prozent ihres Vermögens für philanthropische Zwecke zu spenden. Warren Buffett verpflichtete sich, 99 Prozent seines Vermögens zu spenden. Zwar verbleibt ihm mit dem einen Prozent mehr als genug zum Leben, aber dennoch ist es eine mutige Geste, der nur wenige der weltweit reichsten Menschen nacheifern. Auch wenn Sie nicht so hohe Steuern wie die Dänen zahlen und auch wenn Sie den Institutionen Ihres Landes nicht vertrauen, so haben sie doch die persönliche Freiheit, im Rahmen Ihrer eigenen Möglichkeiten sich zu den Menschen in Ihrem Umkreis solidarisch zu verhalten.

Work-Life-Balance. Jeder Mensch kann die richtige Balance zwischen Arbeit und Leben herstellen – das ist keine Erfindung der Dänen! So ist beispielweise von dem britischen Unternehmer Richard Branson bekannt, dass seine Familie immer Vorrang hat. Er rät Menschen, die wegen ihrer anspruchsvollen Karrieren zu Kompromissen gezwungen sind, im Terminkalender einfach Zeit für die Familie zu reservieren. Meiner Ansicht nach werden die Firmen, die die Bedeutung einer Balance zwischen Arbeit und Privatleben erkennen, in Zukunft die talentiertesten Mitarbeiter anziehen. Und glückliche Mitarbeiter sind leistungsstark und loyal. Karriere bei einer Firma zu machen, die diesen Aspekt nicht berücksichtigt, bleibt eine persönliche Entscheidung. Bis zu einem gewissen Grad haben wir alle die Wahl und können uns den Job oder die Firma anhand der gebotenen Work-Life-Balance aussuchen, egal in welchem Land oder System wir zu Hause sind.

Geld. Dieser Punkt ist aufs Engste mit dem vorherigen verknüpft, und – um es noch einmal zu sagen – Sie müssen auch nicht in Dänemark leben, wenn Sie sich für andere Prioritäten im Leben entscheiden. Mich hat das vorbildliche Verhalten von Tom Christ, einem Kanadier im Ruhestand, gerührt. Nachdem er 2013 im Lotto den Jackpot von über 40 Millionen Dollar geknackt hatte, beschloss er, den gesamten Gewinn für wohltätige Zwecke zu spenden. Im Gedenken an seine Frau, die zwei Jahre zuvor an Krebs gestorben war, wählte er eine Stiftung für die Krebsforschung. Er erklärte, er habe eine erfolgreiche Karriere gehabt, seine Kinder und er selbst seien gut versorgt. Deshalb sei für ihn ganz klar gewesen, dass dieses Geld an eine Wohltätigkeits-Organisation gehen solle. Applaus!

Bescheidenheit. Beispiele für diese Kategorie zu finden, ist nicht einfach, denn bescheidene Menschen mögen nicht, wenn man über sie spricht. Sie ziehen es vor, sich im Stillen auf das Wesentliche zu konzentrieren. Der ehemalige Chef der berühmten französischen Reifenfirma, Francois Michelin, wollte nie Interviews geben oder Gesprächsthema sein. Dabei hätte er sich sicherlich mit Einigem brüsten können. Schließlich stand er an der Spitze einer weltweit bekannten Firma und war dafür verantwortlich, dass bei Airbus und Rolls Royce alle Räder rollen. Zinedine Zidane, ein talentierter und international anerkannter Sportler, hat es geschafft, bescheiden zu bleiben. Die individuelle Leistung sei nicht das Wichtigste, sagte er. Gewinnen und verlieren würde man als Team. Sowohl die glücklichsten Menschen als auch diejenigen, denen das Helfen ein Anliegen ist, zeigen oft eine gewisse Demut vor dem Leben, wie Mahatma Gandhi. Sich für andere einzusetzen, ist eine Form der Demut gegenüber sich selbst und dem Leben.

Gleichstellung der Geschlechter. Für die Gleichstellung der Geschlechter müssen Menschen auf der ganzen Welt kämpfen. In China hat Guo Jianmei ihr Leben dem Kampf für die Rechte der Frauen gewidmet. Dank ihrer Unterstützung wagen chinesische Frauen ihren Platz in der Gesellschaft einzufordern. Die in Bulgarien geborene Julia Kristeva hat in Frankreich anlässlich des hundertsten Geburtstags der Schriftstellerin und Philosophin Simone de Beauvoir einen nach ihr benannten Preis für die Freiheit der Frauen ins Leben gerufen. Der Preis wird für herausragende Arbeiten für die Freiheit und Gleichheit der Frauen in aller Welt verliehen. Die Preisträgerinnen fechten oft zermürbende Kämpfe gegen sehr komplizierte Systeme aus, aber sie sind sich bewusst, dass das Glück von Millionen Menschen davon abhängt.

Ich könnte hier noch viele besondere Menschen aufführen – mögen sie vergessen oder berühmt sein, aus Europa oder von der anderen Seite des Erdballs kommen. Sie alle kämpfen auf ihre Weise für die Verteidigung der zehn Grundpfeiler des Glücks und fühlen sich ihnen verpflichtet, um so ihren Mitmenschen bessere Chancen zu ermöglichen, für ihre Lebenszufriedenheit ein solides Fundament zu errichten.

Ich hatte das Glück, bei meinen Reisen rund um den Globus Kulturen und Menschen zu begegnen, die mir ermöglichten, mein eigenes Fundament und meine Bezugspunkte zu relativieren. Ich erkannte, welches Glück ich hatte, in Dänemark geboren zu sein und mit den Werten aufzuwachsen, die ich Ihnen in diesem Buch vorgestellt habe. Aber ich erkannte auch, dass es neben diesen zehn Pfeilern noch etwas sehr Wichtiges gibt: die Freiheit, ehrlich zu sich selbst zu sein. Albert Camus drückte es so aus: »Aber was ist Glück, wenn nicht die einfache Harmonie zwischen einem Menschen und dem Leben, das er führt.« Würde es uns nicht allen guttun, diese Worte zu verinnerlichen?

Sich selbst kennen zu lernen, kostet Zeit und ist anstrengend. Ich möchte Ihnen einige sehr einfache »Lebensphilosophien« vorstellen, die ich auf meinen Reisen zusammengetragen habe. Sie verhelfen mir persönlich zu mehr Lebenszufriedenheit und Glücksmomenten und machen damit mein Leben lebenswerter. Ich bin sicher, dass Sie einige schon kennen.

1. Ich bin mir selbst meine beste Freundin.
Der Mensch, mit dem Sie während Ihres Lebens garantiert viel Zeit verbringen, sind Sie selbst. Deshalb sollten Sie in Ihrem ureigenen Interesse mit sich selbst gut auskommen. Andernfalls könnte die Reise durchs Leben lang und anstrengend werden. Wenn Sie in sich hineinhorchen und achtsam mit sich umgehen, stärken Sie ihr Fundament für ein glückliches Leben. Anhaltende Lebenszufriedenheit beginnt mit Selbsterkenntnis. Gandhi drückte es treffend aus: »Der größte Reisende ist nicht, wer zehn Mal um die Welt gefahren ist, sondern wer sich ein einziges Mal selbst erforscht hat.«

2. Ich vergleiche mich nicht mit anderen.
Sich mit anderen zu vergleichen, ist der sicherste Weg, um unglücklich zu werden. Ein ständiger Konkurrenzkampf ist niemals befriedigend. Wenn man sich mit weniger begünstigten Menschen vergleicht, kann man sich gut fühlen, aber nur, weil man sich seines eigenen Glückes bewusst wird und nicht, weil man sich überlegen fühlt. Der große französische Philosoph Voltaire schrieb in seinem moralischen Gedicht »La Bégueule« (1772): »Das Bessere ist der Feind des Guten.«

3. Ich setze mich über gesellschaftliche Standards und Zwänge hinweg.

Je freier wir uns fühlen, Tätigkeiten in einer uns selbst entsprechenden Art und Weise zu erledigen, desto mehr sind wir mit uns selbst in Einklang. Damit führen wir letztendlich ein Leben, das wir uns wünschen und nicht eines, das von uns erwartet wird.

4. Ich habe immer einen Plan B.

Wenn man glaubt, dass einem nur eine Möglichkeit im Leben offensteht, dann bekommt man leicht Angst, das Erreichte zu verlieren. Aus Angst werden häufig die falschen Entscheidungen getroffen. Mit einem alternativen Plan in der Tasche kann man allen Schwierigkeiten, die sich Plan A in den Weg stellen, mutig begegnen und sich selbst dabei treu bleiben.

5. Ich wähle mir meine Kämpfe aus.

Täglich fordert uns das Leben zu großen und kleinen Kämpfen heraus. Wir können sie nicht alle bewältigen. Darum ist es weise, nur diejenigen auszuwählen, die uns wirklich nützen. Bei den anderen sollten wir uns angewöhnen, sie wie Wasser vom Rücken einer Ente abperlen zu lassen.

6. Ich bin ehrlich mit mir selbst, und ich akzeptiere die Wahrheit.

Je realistischer und ehrlicher wir eine bestimmte Situation analysieren, desto eher finden wir die richtige Herangehensweise, um sie zu verändern. Wenn wir uns auch in einer schwierigen Situation voll und ganz der Wahrheit stellen, werden wir eher die unabänderlichen Tatsachen akzeptieren. Damit haben wir Kapazitäten frei für das, was zu verändern ist. Richtige Diagnose, richtige Behandlung. Wie soll eine Lösung möglich sein, wenn der Ausgangspunkt eine Lüge ist?

7. Ich pflege einen realistischen Idealismus.

Große Pläne, die unserem Leben einen Sinn geben, sind unverzichtbar. Aber dabei muss man realistisch bleiben. Dasselbe gilt für unsere Beziehungen. Je realistischer unsere Erwartungen an andere sind, umso wahrscheinlicher werden wir im Leben angenehm überrascht.

8. Ich lebe in der Gegenwart.

In der Gegenwart zu leben, heißt nichts anderes, als die Reise an sich zu genießen, ohne sich in Zukunftsträumen zu verlieren oder der Vergangenheit nachzutrauern. Ich muss immer an den Satz denken, den eine ganz besondere Person einmal zu mir sagte: »Es geht um die Reise, nicht um das Ziel.« Zwar ist es wichtig, einem Plan zu folgen, aber das Glück wartet selten am Ende der Reise auf Sie. Sie werden es auf Ihrer Lebensreise unterwegs im Hier und Jetzt finden.

9. Ich gönne mir verschiedene Glücksfaktoren für meine Lebenszufriedenheit.

Oder wie das alte Sprichwort sagt: »Ich packe nicht alle meine Eier in einen Korb«. Nur auf einen einzigen Glücksfaktor zu setzen, sei es die Arbeit, ein geliebter Mensch oder Ähnliches, ist riskant. Sorgen Sie jeden Tag für eine ausgewogene Mischung verschiedener Faktoren, z. B. Menschen und Aktivitäten, die Sie glücklich machen. Für mich ist das Lachen ein wichtiger Glücksfaktor – das sorgt bei mir fast schlagartig für ein Wohlgefühl.

10. Ich liebe andere Menschen.

Liebe, Teilen und Großmut sind für mich die großartigsten Glücksfaktoren. Teilen macht glücklich und Geben macht glücklich, und beides stärkt das Fundament der Lebenszufriedenheit. Albert Schweitzer, der Friedensnobelpreisträger von 1952, wusste das, als er sagte: »Das Glück ist das einzige, was sich verdoppelt, wenn man es teilt.«

Noch ein letztes Wort, bevor wir unsere Reise zum Glück fortsetzen. Das vorliegende Buch schrieb ich in einer schwierigen Lebensphase. Aber während ich es jetzt fertigstelle, erkenne ich, dass ich sehr glücklich bin, mit Ihnen so viele mir wichtige Gedanken und Abenteuer geteilt zu haben. Das ist kein Paradox, sondern nur ein letztes Augenzwinkern des Glücks! Bei allen Prüfungen, die das Leben für uns bereithalten mag, kann man doch am besten aus dem Fundament der Lebenszufriedenheit Kraft schöpfen, indem man sich treu bleibt und teilt (z. B. durch Schreiben, verbunden mit Ehrlichkeit und Offenheit). Mit Hilfe dieses Fundaments, ob nach dänischem Vorbild oder nicht, mag sich manchmal sogar unser Lebenstraum verwirklichen. Erinnern Sie sich an das neunjährige Mädchen, dessen Wunsch es war, die Botschafterin von Dänemark zu werden? Also, wenn dieses Buch es schafft, einige positive Gedanken über mein Land in der Welt bekannt zu machen, dann ist doch mein Wunsch in Erfüllung gegangen.

DANK

Ich danke meinen Eltern, die mir mit ihrer Liebe, ihrem Vertrauen und dem Freiraum, den sie mir ließen, ein wertvolles Fundament gaben, das es mir ermöglichte, meinen Träumen zu folgen und mir ein sinnvolles, zielgerichtetes Leben aufzubauen. Meinem Bruder Jesper danke ich für seine unermüdliche Unterstützung, für Offenheit, Anregungen und sein Einfühlungsvermögen. Ich danke allen meinen lieben Freunden, dass sie für mich da waren, und für ihren warmherzigen Zuspruch während dieses Abenteuers. Ich danke der wundervollen Mathilde Oliveau, die den ganzen Entstehungsprozess stets sehr freundlich mit kritischem Verständnis und inspirierenden Einsichten begleitete. Meiner Agentin Susanna Lea danke ich für ihre unschätzbaren Ratschläge, ihre positive Energie und auch ihrem ganzen fantastischen Team für dessen Unterstützung.

ANMERKUNGEN

Einleitung: Es war einmal ...

1 Dänische politische Fernsehserie
2 Skat.dk, die Website der dänischen Steuerbehörde
3 Köbler Gerhard, *Deutsches Etymologisches Wörterbuch*, 1995
4 Richard Layard, *Die glückliche Gesellschaft, Kurswechsel für Politik und Wirtschaft,* übersetzt von Jürgen Neubauer (Campus Verlag 2005). S. 24
5 David Lykken and Auke Tellegen, »Happiness Is a Stochastic Phenomenon,« *Psychological Science* 7 (1996).
6 Thierry Janssen, *Le défi positif: Une autre manière de parler du bonheur et de la bonne santé* (Les liens qui libèrent, 2011).
7 http://www.grossnationalhappiness.com/wp-content/uploads/2012/04/Short-GNH-Index-edited.pdf
8 Donella H. Meadows et al., *Die Grenzen des Wachstums*, Universe Books, 1972
9 http://www.happinessresearchinstitute.com/profiler/4578771590

Kapitel 1: Vertrauen

1 Gert Tinggaard Svendsen, *Tillid* (Tænkepauser, 2012)
2 Ranking auf der Grundlage von Svendsens Forschung im Jahr 2005 und den Ergebnissen des World Values Surveys
3 Yann Algan and Pierre Cahuc, *La Société de défiance, comment le modèle français s'autodétruit* (CEPREMAP collection, Éditions Rue d'Ulm, 2007)
4 *European Social Survey* (2010)

5   http://www.forbes.com/pictures/eglg45ehhje/no-1-denmark/

6   *World Justice Project*, 2015

7   UNSDSN, *World Happiness Report 2013*

8   Pierre Cahuc and Yann Algan, *Peut-on construire une société de confiance en France?* (Éditions Michel Albin, 2009)

9   Christian Bjørnskov, *Det er et lykkeligt land* [wörtlich, Das ist ein glückliches Land]

10   *Reader's Digest* »Lost Wallet Test« (2001)

11   *Børsen* and Copenhagen Business School, *Tillid* conference (August 2012)

12   Stephen M. R. Covey, *The Speed of Trust: The One Thing That Changes Everything* (First Editions, 2008)

13   http://www.leadershipnow.com/CoveyOnTrust.html

14   Rambøll Management/Analyse Danmark für *Jyllands-Posten* (2009)

15   Poul Nyrup Rasmussen in seiner Rede am dänischen »Grundlovsdag« [wörtl.: »Grundgesetztag« / Tag der Verfassung)] in Kopenhagen (5. Juni 1999)

16   Transparency International, *Global Corruption Report 2013, 2014 and 2015*

17   Transparency International, *Perception Corruption Index, 2013, 2014 and 2015*

18   World Values Surveys, 1980-2000

Kapitel 2: Bildung

1   Statens Uddannelsesstøtte [staatliches Stipendium] beträgt 5.500 Kronen brutto im Monat für Studierende, die nicht bei den Eltern leben.

2   http://www.oecd.org/edu/ceri/

3   UNESCO, *Revisiting Lifelong Learning for the 21st Century* (2001), http://www.unesco.org/education/uie/publications/uiestud28.shtml

4   Interview mit Emma Rytter Hansen (19 Jahre alt) geführt von der Autorin, 1. November, 2013

5   Dänisches Kulturministerium, 2012, http://www.dst.dk/pukora/epub/Nyt/2014/NR157.pdf

6   http://www.dr.dk/tv/program/9-z-mod-kina/

7   In der OECD PISA 2010 Studie erreichten die Schüler aus Hongkong und Shanghai die besten Ergebnisse von allen untersuchten OECD-Ländern

8   OECD PISA 2012 survey, http://www.oecd.org/pisa/keyfindings/pisa-2012-results.htm

9   Einundsiebzig Prozent der französischen Schulkinder an weiterführenden Schulen sagen, dass sie sich in der Schule langweilen, gemäß einer Studie unter 760 Kindern, die 2010 von der AFEV (Association de la Fondation Étudiante pour la Ville, an educational support organization) durchgeführt wurde.

10 OECD, *Student engagement at school*, 2000

11 *Berlingske* (Januar 8, 2007)

12 *Politiken* (Mai 7, 2009).

13 *Politiken* (Dezember 20, 2012)

14 https://www.service-public.fr/particuliers/vosdroits/F12215

15 Deutsches Kultusministerium, 2015 (http://www.datenportal.bmbf.de/portal/en/brochure.html)

16 OECD, *Education at a Glance 2011*

17 http://www.bbc.com/news/education-11677862

18 College Board (non-for-profit organization), *Trends in College Pricing*, 2014-2015

19 Fondation pour l'Innovation Politique, *Young People Facing the Future: An International Survey* (2008)

20 http://europa.eu/epic/countries/denmark/index_en.htm

21 Fondation pour l'Innovation Politique, ibid

22 OECD PISA 2012, ibid

[23] Dänemark rangiert etwas über dem Durchschnitt der OECD Länder im Leseverständnis und erbringt sehr gute Leistungen in Mathematik, OECD PISA 2010.

[24] Interview an der Skaade Skole in Aarhus geführt von der Autorin im August 2013.

[25] Tal Ben-Shahar, *Happier: Can You Learn to Be Happy?* (McGraw-Hill Professional, 2008)

[26] AFEV, ibid.

[27] Yale Center for Emotional Intelligence, Born This Way Foundation (gegründet von der Sängerin Lady Gaga) & Robert Wood Johnson Foundation, 2015 (http://ei.yale.edu/what-we-do/emotion-revolution/)

[28] Horace Mann League, *School Performance: The Iceberg Effect*, 2015

Kapitel 3: Freiheit und Unabhängigkeit

[1] Conseil Économique et Social [Französischer Wirtschafts- und Sozialrat], *Le travail des* étudiants (2007); L'OVE [Französische Beobachtungsstelle für das Leben der Schüler], »Les étudiants et leur conditions de vie en Europe«, *OVE Infos* no.13 (2005)

[2] http://www.marketwatch.com/story/nearly-4-out-of-5-students-work-2013-08-07

[3] Center for Ungdomsforkning [Centrum für Jugendforschung], http://www.cefu.dk/service/english.aspx

[4] »Christiania enfin libre«, *Courier International* (Juni 23, 2011)

[5] http://epp.eurostat.ec.europa.eu/cache/ITY_OFF-PUB/KS-SF-10-050-EN.PDF

[6] Forbes 2013 (http://www.forbes.com/sites/trulia/2013/07/23/kids-arent-moving-out-yet#5c63b-cbb6eb1)

[7] http://www.ncbi.nlm.nih.gov/pmc/articles/PMC3367275/

[8]   Report des *Journal of Economic Behavior and Organization* (2011)

[9]   OECD, *Education at a Glance* 2009

[10]   UNDP, *Human Development Report*, 2009

[11]   *Council of Europe, Draft Report on Fostering Social Mobility as a Contribution to Social Cohesion* (2011)

Kapitel 4: Chancengleichheit

[1]   OECD, »A Family Affair: Intergenerational Social Mobility across OECD Countries«, in *Economic Policy Reforms: Going for Growth* (March 2010)

[2]   Die Kurve wurde 2012 in einer Rede von Alan Krueger, dem Chairman des Council of Economic Advisers eingeführt. Der Name geht auf eine Wortschöpfung früheren CEA Ökonoms Judd Cramer zurück.

[3]   Dänisches Bildungsministerium, 2012

[4]   Statistics Denmark (2011)

[5]   Interview der Autorin mit einem Partner einer Kopenhagener Kanzlei, der gern anonym bleiben möchte (11. November, 2013)

Kapitel 5: Realistische Erwartungen und realistische Träume

[1]   Max Weber, *Die protestantische Ethik und der Geist des Kapitalismus* (1904-05), ins Englische übersetzt von Talcott Parsons in 1930

[2]   OECD, Better Life Index, 2016

[3]   Kaare Christensen, Anne Marie Herskind, and James W. Vaupel, «Why Danes Are Smug: Comparative Study of Life Satisfaction in the European Union," *BMJ* (October 2006)

[4]   Sylvie Tenenbaum, *C'est encore loin le bonheur?* (InterEditions, 2007)

Kapitel 6: Solidarität und Respekt

[1] United States Holocaust Memorial Museum
[2] http://www.Yadvashem.org/yv/en/righteous/statistics.asp
[3] YouGov survey für Ugebrevet A4 (2012)
[4] Statistics Denmark, 3013
[5] OECD, Februar 2016
[6] Statistics Denmark, 2013
[7] Survey des Greens Analyseinstitut für Børsen (2010)
[8] Ipsos Public Affairs poll veröffentlicht in *Le Monde*, BFM TV und *Revue française des finances publiques* [French Public Finance Review] (Oktober 14, 2013)
[9] Centro de Investigaciones Sociológicas (CIS)annual survey (November 2013)
[10] http://www.irs.gov/Individuals/International-Tax-payers/US.-Citizens-and-Resident-Aliens-Abroad
[11] http://www.federalregister.gov/quarterly-publication-of-individuals-who-have-chosen-to-expatriate
[12] Ugebrevet A4 Survey, 2011, http://www.ugebrevet4.dk/undersoegelser/aspx
[13] Analyse Danmark Survey für Ugebrevet A4 (2012)
[14] Ugebrevet A4 (August 12, 2013) http://www.ugebreveta4.dk/ledige-skal-bevise-at-de-soeger-job_14047.aspx
[15] OECD, Eurostat, MISSOC, LeFigaro.fr (Februar 2012)
[16] http://en.wikipedia.org/wiki/Unemployment_benefits#Unemployment Benefits_in_the-United_States_
[17] http://www.idea.int/vt/countryview.cfm?id=63& OECD, *Better life index,* 2016
[18] http://www.oecdbetterlifeindex.org/countries/denmark/

Kapitel 7: Work-Life-Balance

1   OECD, *Better Life Index*, »Work-Life-Balance«, http://www.oecdbetterlifeindex.org/topics/work-life-balance/
2   Statistics Denmark (2013)
3   Lederne survey (Oktober 2012)
4   OECD, »How's Life? Measuring Well-Being« report (2011)
5   DTU Transport (Dänisches Verkehrsministerium) Report (2011) Denmark.dk
6   Denmark.dk
7   Jeppe Trolle Linnet, *Politiken* (November 10, 2013)
8   European School Survey Project on Alcohol and Other Drugs, *The 2011 ESPAD Report*, http://www.espad.org/Uploads/ESPAD_reports/2011/The_2011_ESPAD_Report_SUMMARY.pdf
9   *National Survey on Drug Use and Health: Summary of National Findings* (2011). Gemeinsamer Report des Center for Behavioral Health Statistics and Quality (CBHSQ), Substance Abuse and Mental Health Services Administration (SAMHSA), U.S. Department of Health und Human Services (HHS) and RTI International
10 http://fr.ria.ru/russia/20101006/187570014.html
11 INPES (2008), http://www.inpes.sante.fr/slh/articles/398/02.htm
12 European Social Survey (2010)
13 Megafon survey für *Politiken* (Dezember 2011)
14 SFI – Det Nationale Forskningscenter for Velfaerd [Study on the voluntary sector in Denmark] (2006)
15 European Quality of Life Survey: Participation in Volunteering and Unpaid Work (2011)
16 Corporation for National and Community Service, »United We Serve« (2010)

Kapitel 8: Das Verhältnis zum Geld

[1] *What If Money Was No Object?* Alan Watts, https://www.youtube.com/watch?v=khOaAHK7efc

[2] Søren Kierkegaard, *Die Tagebücher* 1Band, übersetzt von Hayo Gerdes, Gesammelte Werke, Eugen Diederichs Verlag, Düsseldorf/ Köln (1962). S. 19-20

[3] Ibid., S. 17

[4] Gallup World Poll (2010), http://www.gallup.com/strategicconsulting/en-us/worldpoll.aspx?ref=f

[5] http://en.wikipedia.org/wiki/List_of_countries_by_GDP_Prozent28PPPProzent29_per_capita

[6] Richard Layard, *Happiness: Lessons from a New Science* (New York: Penguin Press, 2005)

[7] Philip Brickman, Dan Coates, and Ronnie Janoff-Bulman, »Lottery Winners and Accident Victims: Is Happiness Relative?« *Journal of Personality and Social Psychology* (1978)

[8] Dieses Experiment stammt von Sara J. Solnick & David Hemenway, »Is more always better?: A survey on positional concerns«, *Journal of Economic Behavior & Organization, 1998*, vol. 37, issue 3, pages 373-383

Kapitel 9: Bescheidenheit

[1] The S. Pellegrino World's 50 Best Restaurants list is published annually by *Restaurant* magazine. Noma has won the Best Restaurant in the World award four times to date, in 2010, 2011, 2012 and 2014.

[2] Aksel Sandemose, *En flyktning krysser sitt spor* [Ein Flüchtling kreuzt seine Spur] (1933)

[3] Jordan Labouff et al., »Humble Persons Are More Helpful Than Less Humble Persons: Evidence from Three Studies,« *Journal of Positive Psychology* 7, no. 1 (2012): 16-29

4   OECD, Health at a Glance 2015
5   Richard Layard, *Happiness: Lessons from a New Science* (New York: Penguin Press, 2005)
6   Claus Møldrup, »Danskerne æder lykkepiller som aldrig før« [Die Dänen schlucken Antidepressiva wie nie zuvor], *Ugebrevet A4* (December 2007).
7   OECD, op. cit.
8   National Health and Nutrition Examination Survey (2005-08)
9   OECD, ibid
10   L'Assurance-Maladie, die französische staatliche Krankenversicherung
11   Meik Wiking, »Er Danmark dopet I lykkemålinger« [War Dänemark in den Happiness Surveys aufgeputscht?], *Jyllands-Posten* (May 27, 2013)
12   Königin Margrethe II von Dänemarks Neujahrsansprache wie in Helle Askgaard, »Denmark and the Danes,« in Danish Cultural Institute, *Discover Denmark: On Denmark and the Danes – Past, Present and Future* (Systime, 1992) zitiert.

Kapitel 10: Gleichstellung der Geschlechter

1   OECD, »Gender Equality Unpaid Work« (2012)
2   http://femmes.gouv.fr/wp-content/uploads/2013/03/chiffres-cles-2012.pdf
3   Euridice für die European Commission, »Gender Differences in Educational Outcomes: Study on the Measures Taken and the Current Situation in Europe« (2010)
4   Durex Global Sex Survey, 2005
5   Richard Layard, *Happiness: Lessons from a New Science* (New York: Penguin Press, 2005)
6   Carsten Grimm, »*Well-Being in ist Natural Habitat: Orientations to Happiness and the Experience of Ever-*

7 *yday Activities*«, Department of Psychology, University of Canterbury, Neuseeland (2012)
7 Statistics Denmark, Report of Gender Equality (2011)
8 CDC/NCHS National Vital Statistics System
9 *Berlingske* (Juli 1, 2013)
10 Statistics Denmark (2011)
11 http://www.insee.fr/fr/ffc/ipweb/ip1462/ip1462.pdf
12 Insee (2013) http://www.insee.fr./fr./themes/tableau.asp?reg_id=98&ref_id=CMPTEFO5530
13 Ernst and Young, »Panorama 2013 des pratiques de goouvernance des sociétés cotèes (October 2013)

Bibliografische Information der Deutschen Nationalbibliothek

Die Deutsche Nationalbibliothek verzeichnet diese Publikation
in der Deutschen Nationalbibliografie; detaillierte bibliografische
Daten sind im Internet über https://portal.dnb.de abrufbar.

Verlagsgruppe Random House FSC® N001967

1. Auflage
Copyright der Originalausgabe © Malene Rydahl 2014
Copyright der deutschsprachigen Ausgabe © 2017 Gütersloher Verlagshaus,
Gütersloh, in der Verlagsgruppe Random House GmbH,
Neumarkter Str. 28, 81673 München

Umschlagmotiv: © snake3d – Fotolia.com
Druck und Bindung: CPI books GmbH, Leck
Printed in Germany
ISBN 978-3-579-08656-9

www.gtvh.de

Für alle Lebensliebhaber bietet das Gütersloher Verlagshaus Durchblick, Sinn und Zuversicht. Wir verbinden die Freude am Leben mit der Vision einer neuen Welt.

UNSERE VISION EINER NEUEN WELT

Die Welt, in der wir leben, verstehen.

Wir sehen Menschlichkeit als Basis des Miteinanders: Mitgefühl, Fürsorge und Beteiligung lassen niemanden verloren gehen. Wir stehen für gelingende Gemeinschaft statt individueller Glücksmaximierung auf Kosten anderer.

Wir leben in einer neugierigen Welt: Sie sucht ehrgeizig und mitfühlend Lösungen für die Fragen unseres Lebens und unserer Zukunft. Wir fragen nach neuem Wissen und drücken uns nicht vor unbequemen Wahrheiten – auch wenn sie uns etwas kosten.

Wir leben in einer Gesellschaft der offenen Arme: Toleranz und Vielfalt bereichern unser Leben. Wir wissen, wer wir sind und wofür wir stehen. Deshalb haben wir keine Angst vor unterschiedlichen Weltanschauungen.

Das Warum und Wofür unseres Lebens finden.

Erfahren, was uns im Leben trägt und erfreut.

Wir helfen einander, uns selber besser zu verstehen:
Viele Menschen werden sich erst dann in ihrem Leben zuhause fühlen, wenn sie den eigenen Wesenskern entdecken – und Sinn in ihrem Leben finden.

....

Wir ermutigen Menschen, zu ihrer Lebensgeschichte zu stehen:
In den Stürmen des Alltags geben wir Halt und Orientierung. So können sich Menschen mit ihren Grenzen aussöhnen und zuversichtlich ihr Leben gestalten.

....

Wir haben den Mut, Vertrautes hinter uns zu lassen:
Neugierde ist die Triebfeder eines gelingenden Lebens. Wir wagen Neues, um reich an Erfahrung zu werden.

Wir glauben an die Vision des Christentums:
Die Seligpreisungen der Bergpredigt lassen uns nach einer neuen Welt streben, in der Vereinsamte Zuwendung, Vertriebene Zuflucht, Trauernde Trost finden – und Gerechtigkeit, Barmherzigkeit und Frieden herrschen.

....

Wir geben Menschen die Möglichkeit, den Glauben (neu) zu entdecken:
Persönliche Spiritualität gibt Kraft, spendet Trost und fördert die Achtung vor der Schöpfung sowie die Freude am Leben.

....

Wir stehen mit Respekt vor der Glaubenserfahrung anderer:
Wissen fördert Dialog und Verständnis, schützt vor Fundamentalismus und Hass. Wir wollen die Schätze anderer Religionen kennenlernen, verstehen und respektieren.

GÜTERSDIE
LOHERVISION
VERLAGSEINER
HAUSNEUENWELT